LES CAHIERS

DE

SAINTE-BEUVE

SUIVIS DE QUELQUES PAGES

DE LITTÉRATURE ANTIQUE

PARIS

ALPHONSE LEMERRE, ÉDITEUR

27-31, PASSAGE CHOISEUL, 27-31

1876

LES CAHIERS

DE

SAINTE-BEUVE

AVERTISSEMENT.

N a souvent demandé à M. Sainte-Beuve s'il ne ferait pas de Mémoires : *je ne crois pas qu'il s'y décide jamais. Il tient trop, dit-il, à ne pas diminuer les choses (y compris les personnes) qu'il a vues et dont lui-même il est heureux et honoré de faire partie. Mais il a écrit beaucoup de notes, il a semé beaucoup de mots et de faits qu'il savait d'original, soit dans des écrits publiés, soit chaque jour, à la rencontre, dans la conversation. Je suis près de lui depuis des années; j'ai noté au passage plus d'une de ses pensées, plus d'un de ses*

souvenirs : dussé-je paraître indiscret, je me risque à en donner aujourd'hui un échantillon au public. S'il est en goût et s'il ne trouve pas cela mauvais, on pourra plus tard lui en donner encore[1].

JULES TROUBAT.

1868.

1. *Sainte-Beuve est mort le 13 octobre 1869. Ce recueil de notes et de pensées devait paraître de son vivant, ainsi que l'indique l'Avertissement ci-dessus, dicté par lui Le secrétaire n'était ici qu'un prête-nom. Ce projet fut abandonné après la publication du tome XI des* Causeries du Lundi, *dans lequel l'éminent critique avait fait entrer un grand nombre d'extraits de ses cahiers. Le présent volume, resté inédit, alla toujours grossissant jusqu'à la mort de Sainte-Beuve. Il fut un moment destiné à compléter les* Souvenirs et Indiscrétions, *dont il justifiait le titre ; mais ce petit ouvrage, grossi pendant les loisirs forcés du siége, qui en avait arrêté l'impression, se trouva ensuite trop plein pour faire place aux* Pensées ajournées. *Nous les publions donc à part aujourd'hui, en attendant la Correspondance et autres œuvres posthumes du maître. — Nous ne nous sommes pas cru autorisé, en l'absence de l'écrivain, à faire un choix dans ces pages ou à en altérer le texte. Nous les avons maintenues dans leur intégrité et leur vigueur, sans prendre garde à celles qui contrariaient le plus nos impressions ou nos convictions personnelles. Nous avons laissé, en un mot, à Sainte-Beuve la liberté de tout dire, même après sa mort.*

J. T.

LES CAHIERS

DE

SAINTE-BEUVE

'HOMME grossier est tout au contre-pied du sentiment des nuances morales et de l'observation des convenances. Il passe outre, il les ignore; s'il a quelque puissance dans l'esprit, comme son propos est pesant, écrasant! quel pied d'éléphant il met sur vous à chaque parole! S'il a raison, comme il décrédite la bonne cause en la violentant! S'il a un but, s'il est rusé, voyez-le venir, apercevez-le qui s'ébranle à l'horizon par d'immenses circuits; ô baleine! baleine! L'homme grossier, s'il est énormément orgueilleux, a d'étranges propos de vengeance, une fois blessé par vous. — Si vous le louez moins, si vous vous taisez après lui avoir donné les plus manifestes gages, il dit lourdement de vous : *c'est mon ennemi!* Il ne comprend ni ne veut comprendre qu'on puisse être tout simplement tiède ou refroidi. — S'il vous a jamais rendu un service, quelque service d'argent, il s'en vante en ces moments-là, il dit devant tous qu'il vous a prêté un jour *de l'argent,* et croit par ce mot de Turcaret vous avoir couvert de honte. — Si l'homme qui l'a blessé est débile de santé, l'homme grossier, au lieu de répondre, de réfuter ou de se taire, dira ou écrira de son adversaire qu'il est phthisique et atteint des poumons; et il croira l'avoir triomphalement écrasé. — S'il veut obtenir de vous un service qui flatte son amour-propre, l'homme grossier est homme à faire intervenir près de vous dans la conversation le nom de sa femme, pour peu qu'il se doute que vous en êtes un peu amoureux; il ne voit aucune indélicatesse, mais seulement une ruse très permise à cela. — Quand il unit une sorte de génie à un grand orgueil, l'homme grossier devient irrassasiable en louanges. Quand vous lui en serviriez tous les matins une tranche aussi forte et aussi épaisse que l'était la fameuse table de marbre sur laquelle on jouait les comédies au Palais, il l'aurait bientôt digérée, et avant le soir, à demi bâillant, il vous en demanderait encore.

—❧—

Quand Janin tombe sur un grand nom bien résonnant et bien élastique, il danse à la corde dessus.

—❧—

Lamartine dit en parlant des poésies de de

Vigny : « C'est bien *léché;* » et de Vigny, en parlant de celles de Lamartine : « C'est bien *lâché.* »

—⁂—

On venait un soir de lire tout haut du Jean-Jacques, les Lettres à M. de Malesherbes, la cinquième Rêverie, etc. C..., quand on eut fini, alla chercher je ne sais quel journal pour en lire un feuilleton : « Oh! grâce! lui dit-on; restons sur le beau. » Il insistait en disant qu'on ne pouvait pas toujours demeurer dans les hautes régions. « Oh! n'imitons pas Thérèse, dit alors quelqu'un, qui, aussitôt le grand homme mort, se mésallie. »

—⁂—

Liszt, enfant de talent mais affecté, a une manière d'en agir avec les hommes qui m'a donné le secret de sa manière de jouer du piano : c'est d'être à la fois au même moment sur les touches les plus extrêmes, les plus éloignées, par une célérité presque impossible, à la fois à M. de Lamennais, à la princesse Belgiojoso, à M. Ballanche et à Mme Sand, etc.; mais il réussit moins à tirer de l'accord de ces personnages que de l'instrument. On y voit le tour de force et la grimace : ce sont les défauts de son jeu.

Mais il a la nature noble, élevée, et de la générosité, et l'enthousiasme, chose toujours rare, que ce soit au cœur ou au front!

—⁂—

(Thiers, premier ministre, 22 février 1836.) — Allez, triomphez, tirez-vous des mauvais pas et des mauvaises paroles! que Mercure vous porte de ses six ailes : croyez-vous le Génie de ces temps. Mettez dehors les maréchaux de France, et ces autres aussi qui passaient, hélas! pour trop philosophes. Soyez seul, et faites-vous, pour vous croire plus grand, un piédestal, une colonne de tout ce qui se peut de monuments d'art, d'obélisques à grands frais rapportés, de vases étrusques, de pots cassés... Que vos complaisants s'y ajoutent, que les convives de vos villas et de vos *folies* s'empressent, le dos voûté, et y servent, aux quatre faces, de cariatides... Allez, allez au bout, et vous ne ferez jamais qu'il y ait sur votre colonne autre chose que la statue du plus spirituel des marmousets !

—⁂—

Janin a de l'entrain. — Oui, mais parce que le train de derrière (l'idée) se détache bien souvent et ne suit pas.

—⁂—

Il y a des critiques qui n'ont qu'une manière et qui ne savent nullement la modifier selon les sujets : le sémillant par tempérament et par genre sera sémillant partout et toujours;

le raisonneur pédant ne vous fera grâce de sa dialectique en aucune rencontre.

Janin grimpe sur Dante et gambade au plus haut;
Planche fait de l'algèbre avec Manon Lescaut.

—⁂—

Le peuple de Paris est peut-être celui de tous qui comprend le mieux que la vie n'a pas même des jours, mais seulement des heures : aussi, dès qu'il fait une belle matinée, une heure de soleil, voyez comme il en jouit et comme la rue s'émaille.

—⁂—

En avançant dans la vie, bien souvent, lorsqu'on paraît bonhomme, on est faux, et lorsqu'on paraît caustique, on est bon.

—⁂—

J'ai dit que Scribe est le seul auteur comique du temps; mais il y a bien d'autres comiques

1.

encore de ce temps-ci et dans un genre plus élevé : Cousin, par exemple, qui est un perpétuel Phédon de haute comédie ou même de comédie italienne, un *Phédon-Scapin*. Par malheur, dans ces grands comiques qui courent la rue, la comédie est toujours à un seul personnage (1840).

(Extrait d'une lettre à Mme ..., de Lausanne). — « Savez-vous, chère madame, que cela rentre bien dans mes idées de gloire d'apprendre que vous lisez mes vers en tête-à-tête avec Mickiewicz? Voyez-vous! la plus grande gloire des poëtes morts ou absents consiste à ce que les vivants heureux et présents les lisent pour en faire un accompagnement et un prétexte à leurs pensées : le piano du fond pendant lequel on cause.

« La Rochefoucauld a dit : « Nos actions sont « comme les bouts rimés que chacun fait rap-

« porter à ce qui lui plaît. » Jugez si cela est encore plus vrai de nos vers.

« Je donnerais donc tout l'honneur d'être lu par vous avec lui au bonheur de lire près de vous ses vers et le *Fàris* ou le sonnet en *Ah! Ah!* ou n'importe quoi interrompu par une parole de vous, par un sourire ou par de fous rires.

« Et si, lui, Mickiewicz, en était fier, il serait bien bon enfant vraiment! — « Je serais « bien fâché d'être immortel, dit Heine (le « poëte), parce que si je l'étais, immortel, je « m'apercevrais bien vite que je ne le suis « pas » (1840).

La critique pour moi (comme pour M. Joubert), c'est le plaisir de connaître les esprits, non de les régenter.

Mérimée est le caractère le plus résolu : une

fois un parti pris, il y tient. Un trait de son enfance et qu'aime à raconter sa mère le peint à jamais. Il avait cinq ans; il avait fait quelque petite faute. Sa mère, qui était occupée à peindre, le mit hors de l'atelier en pénitence et ferma la porte sur lui. A travers cette porte, l'enfant se mit à demander pardon, à promettre de ne plus recommencer, et il y employait les tons les plus sérieux et les plus vrais. Elle ne lui répondait pas; il fit tant qu'il ouvrit la porte, et, à genoux, il se traîna vers elle, suppliant toujours et d'un accent si sérieux, et dans une attitude si pathétique, qu'au moment où il arriva en sa présence, elle ne put s'empêcher de rire. A l'instant il se releva, et changeant de ton : « Eh bien! s'écria-t-il, puisqu'on se moque de moi, je ne te demanderai plus jamais pardon. » Ce qu'il fit. Ainsi en tout : comme il vient un moment, et très-vite, où notre sérieux est en pure perte et où les choses nous éclatent de rire au nez, il se le tint pour dit, il ne leur demanda plus jamais pardon en rien, et contracta l'ironie profonde (1841). — Dès l'âge de cinq ans, s'il avait su le grec à cet âge, il aurait pu prendre la devise qu'il porte gravée sur son cachet « Μέμνασ' ἀπιστεῖν. Souviens-toi de te méfier! » (Un mot d'Épicharme.)

—∞—

M. Lainé n'était pas un homme d'État, c'était un orateur, un artiste, vif, sensible, susceptible, légèrement envieux, *self tormenter*, le Girodet de la politique.

—∞—

On a beau dire, il y a beaucoup de conscience à la Chambre des Pairs, disait-on devant M. de Talleyrand. « Je crois bien, répliqua celui-ci, voyez Sémonville, rien qu'à lui tout seul il en a trois. »

—∞—

La poésie de Fontanes est comme une pâte

colorée qu'il applique sur du papier blanc. (Pensée inédite de M. Joubert.)

On n'est jamais jugé que par ses amis.

—⁂—

Posséder vers l'âge de trente-cinq à quarante ans, et ne fût-ce qu'une seule fois, une femme qu'on connaît depuis longtemps et qu'on a aimée, c'est ce que j'appelle planter ensemble le clou d'or de l'amitié.

—⁂—

Il en est de qui la montre s'arrête à une certaine heure et qui ne marquent désormais que cet âge-là. Le prince de Ligne n'eut jamais que vingt ans. M. Pasquier a eu volontiers de tout temps la cinquantaine. M. Siméon a été jusqu'à la fin un homme de cinquante-cinq ans dans toute sa fraîcheur.

—⁂—

On n'est jamais sûr, disait l'autre jour

M. Royer-Collard, que lorsqu'on vient d'entendre de M. de Lamartine un magnifique discours à la tribune, si on le rencontre dans les couloirs de la Chambre et qu'on le félicite, il ne vous réponde à l'oreille : « Cela n'est pas étonnant, voyez-vous, car entre nous je suis le Père Éternel! » (Décembre 1841.)

Nous ne savons bien que notre temps, et dans notre temps que notre propre génération. Jeunes, en arrivant, nous ne voulions pas croire à la corruption : elle était dans une génération autre et plus âgée, et comme à un autre étage que nous. Nous l'apercevions de loin et la maudissions, nous promettant d'en rester purs. En avançant, et en voyant notre génération à son tour y tremper, nous nous sommes mis à y croire, mais à y croire trop alors, et comme à une chose nouvelle et pire que ce qui a précédé. Illusion! seulement nous voyons mieux aujourd'hui et plus en plein; nous sommes arrivés au point de vue.

⁂

J'ai plus piqué et plus ulcéré de gens par mes éloges que d'autres n'auraient fait par des injures.

⁂

Rien de plus commun de nos jours que l'infatuation de certains esprits qui se croient Dieu, fils de Dieu, archange. Pierre Leroux se croit Dieu... De Vigny se croit archange.

Pour Lamartine, il est bon prince, il se contente d'être un séraphin.

⁂

Malheur aux hommes à la mode, surtout aux poëtes! Voiture a été mis en pièces par les femmes comme Orphée.

⁂

Avec les femmes aimées qui nous ont repoussé, rompre : mieux vaut une rancune aimante.

Avec les femmes amies qui nous ont souri, continuer de vivre dans un doux oubli reconnaissant.

—⋙⋘—

Mignet n'est pas, à proprement parler, un homme d'*esprit :* c'est un homme de mérite et un écrivain de *talent*.

—⋙⋘—

Mme de C... est menteuse; elle ment sans but, sans prétexte, à tout propos et hors de propos. La vieille marquise d'Aguesseau la compare à ces bons cuisiniers qui font de temps en temps un *extra* pour s'entretenir la main.

—⋙⋘—

La vue d'un singe humilie l'homme : j'appelle cela un *échec au roi*.

—⋙⋘—

Mignet se recommande par l'ensemble, par la gravité, par l'ordre, et aussi par un certain éclat d'expression, plutôt que par la sagacité.

—※—

Cousin est un étourdi de génie.

—※—

Peisse, un de ces écrivains discrets et rares que deux ou trois hommes d'imagination (Thiers, Cousin) font profession d'admirer beaucoup pour se donner des airs judicieux.

—※—

Il y a des gens qui ont le mot heureux, le mot propre pour qualifier les hommes ou les œuvres. Mme de Nansouty disait sérieusement des *Amschaspands* de Lamennais : « C'est *suave*, il y a des choses *suaves*. » M. de Girardin, le veneur, disait hier de Hugo : « C'est le plus *charmant causeur!* » Je ne sais qui disait de M. de Turenne que c'était un *joli* homme.

—⁂—

Cousin porte dans tout ce qu'il écrit une personnalité qui vraiment serait parfois outrageuse, si elle n'était toujours un peu plaisante.

—⁂—

L'allure ordinaire de Cousin est celle d'un vainqueur : *Veni, vidi, vici;* il court, il triomphe, il se glorifie. Il monte continuellement au Capitole.

Il monte au Capitole, même quand il parle de Pascal, c'est-à-dire d'un homme qui monte le Calvaire.

—⁂—

L'ode de Victor Hugo est conçue, exécutée *harmoniquement* plutôt qu'*harmonieusement.*

—⁂—

Ce n'est que de nos jours qu'on a bien compris l'ensemble, la *synthèse* du moyen âge : Dante, Vincent de Beauvais et une cathédrale.

—⁂—

Thiers dit de M. Guizot : « Guizot est un grand orateur, un grand homme de tribune... mais n'allez pas vous étonner! en politique, Guizot est *bête.* » Cela veut dire que comme homme d'État, comme ministre, Guizot manque d'idées, et c'est juste.

En revanche, Guizot dit de Thiers, qui voit de loin et qui de près s'engoue et n'y voit goutte : « Mon cher, vous devinez et vous ne voyez pas. »

—⁂—

M. Molé me dit (à un moment de froideur et de calme impartial) après avoir fait l'éloge de M. Guizot sur bien des points : « Mais il n'y a point d'homme qui soit moins *homme d'État* que lui. »

—⁂—

Avoir des *moyens*, il a des *moyens*, en parlant de quelqu'un, est un mot très juste : c'est le *powers* des Anglais. Cela ne veut pas dire précisément que ce quelqu'un a l'idée, l'invention, l'originalité, mais qu'il peut être appliqué à beaucoup de choses, qu'il en a l'aptitude, l'intelligence prompte, l'exécution facile ou brillante, les *moyens* enfin.

—✠—

L'homme vertueux, c'est-à-dire l'homme *sérieux*, σπουδαῖος, ce mot a tout son sens chez les Grecs et chez Aristote ; et il m'explique bien tout ce qu'entraîne avec elle la qualification contraire, celle d'homme *léger*. Un homme *léger* ne saurait être *vertueux*.

—✠—

Dans l'admirable et complète analyse de la vertu et du vice par Aristote qui se lit au chapitre 1er de l'*Anthologie* de Stobée, je remarque pourtant qu'il manque parmi les vices la *fausse grandeur* (ψευδο-μεγαλοψυχία), et qu'Aristote y range parmi les vices et à la suite de la *petitesse d'âme* le manque d'espoir, l'humilité (δυσελπιστία, ταπεινότης), et cela sans faire aucune réserve. En effet, l'âme humaine, selon Aristote, si complète que la vit ce grand génie analytique, n'est pas l'âme humaine et chrétienne selon saint Augustin. La nature humaine a pris réellement, sous et par le christianisme, des plis et replis qu'elle n'avait pas auparavant; l'humilité, le découragement ont pu devenir vertu ou y mener; la grandeur d'âme, plus simple et plus saine chez les Anciens, s'est alambiquée, raffinée par la chevalerie, et on en a eu le jeu, qui est devenu un vice. Aristote avait affaire évidemment à une nature humaine qui n'avait point passé encore par le confessionnal et par les Cours d'amour. L'homme, à force de s'agenouiller, ne s'était pas encore plié en deux, et on ne s'était pas habitué à couper, comme on dit, un cheveu en quatre.

Chacun en ce monde se crée une forme d'idéal et poursuit un rêve de bonheur. Ce rêve et la forme qu'il revêt diffèrent dans chacun. Il dépend et de la nature originelle et des premières circonstances de la vie; l'âme qui a conçu une fois et nourri son secret désir y revient obstinément à travers tout. Dans la jeunesse, ces diverses formes d'idéal ont l'air de se ressembler chez la plupart; il y a quelque confusion possible ; mais passé la jeunesse et ce nuage doré enfui, on découvre mieux la diversité; chacun reprend son sentier, même aride, et le suit avec moins d'espoir d'atteindre. On fait moins de concessions à l'idéal des autres, on est moins disposé à y mêler le sien et à l'amalgamer. L'idéal de deux êtres, s'il se trouve le même et si la rencontre se fait à temps, cet idéal partagé, c'est le souverain bonheur ici-bas, c'est l'Éden de l'amour. Mais, encore une fois, la jeunesse enfuie, il y a moins de chances à cette rencontre; il semble que les âmes sont devenues moins souples et moins susceptibles de se fondre l'une dans l'autre. On s'essaye, on se côtoie encore, on sent même qu'on a besoin l'un de l'autre, et pourtant on ne se confond pas. Telle âme a pour secret idéal l'estime, l'opinion; elle a tant fait pour la conquérir et la garder jusque-là, qu'elle ne peut se décider un peu tard à n'en tenir compte. L'autre a pour secret objet de son ambition je ne sais quel stoïcisme auquel elle tient par gageure et pour y avoir sacrifié déjà bien des fleurs : un stoïcisme mêlé de dédain et d'ironie; c'est l'idole de quelques jeunes femmes distinguées après la première jeunesse. Telle autre qui n'a jamais rien goûté ou qui a été trompée, et qui se dit qu'il est trop tard, aspire à la sécheresse et y réussit. Vous avez beau, en causant avec ces femmes dans la familiarité et l'intimité, leur présenter un idéal à vous, un idéal de tendresse et d'affection partagée, il suffit qu'il ne leur représente pas exactement le leur pour qu'elles le repoussent et qu'elles lui préfèrent leur triste pis-aller. Qu'y faire ?

Vos formes d'idéal secret ne sont pas les mêmes, vos perspectives prolongées de bonheur ne se rencontrent pas, et vous ne regardez pas en cette vie la même étoile.

Une des plus vraies satisfactions de l'homme, c'est quand la femme qu'il a passionnément désirée et qui s'est refusée opiniâtrément à lui cesse d'être belle.

On devrait écrire en lettres d'or sur la muraille de telle Académie, où il y a tant de savants et si peu d'inventeurs, cette belle pensée de Varron :

« Se faire gloire de ce qu'on a appris et non de ce qu'on a découvert est tout aussi insensé que le serait de tirer personnellement vanité d'un cerf qu'on aurait reçu d'un chasseur. »

Condé, Marlborough, Eugène, sont morts en enfance.

—⁂—

Bolingbroke, dans ses lettres à Swift, dit qu'il ne se pardonnera jamais d'avoir été aussi longtemps la dupe de son ancien collègue et chef de cabinet, Harley, comte d'Oxford : « Mais, ajoute-t-il, en voilà assez sur ce personnage *que je ne puis démasquer comme un fourbe, sans m'accuser moi-même d'être un sot.* » Heureux qui n'est pas dans le cas de Bolingbroke ! il n'a pas les mains liées, ni la langue.

—⁂—

De ce qu'il y a quelques poissons qui bondissent hors de leur élément et font mine de vouloir voler, en faut-il conclure que l'espèce entière est destinée à voler en effet et à passer, après la mort, à l'état d'oiseau ? C'est pourtant ainsi que l'homme a raisonné pour l'homme.

—⁂—

Les hommes n'ont pas encore trouvé le moyen de donner à cette vie humaine tout son ressort et toute sa consistance, sans imaginer au-dessus une autre vie supérieure qui fait l'office de pompe aspirante.

Ne pourra-t-on donc jamais assigner à cette vie-ci, prise en elle-même et telle qu'elle est, ses devoirs, son sens et son but ?

Hugo, Lamartine, ne font que transporter, sur les matières et les thèmes dits politiques, leur faculté lyrique ou descriptive ; ils font l'analogue d'une *Harmonie* ou d'une grande *Ode,* ils le font en prose avec une transposition plus ou moins habile, selon les conditions nouvelles ; mais, en faisant cela, ils se croient des hommes politiques. Erreur d'enfant !

Lamartine excelle à ce jeu depuis déjà longtemps : Hugo aujourd'hui s'y essaye — avec pesanteur (1846).

Depuis son accident, Villemain dit du bien de tout le monde, lui qui auparavant était le plus méchant singe. Ainsi M. de Forbin, quand il fut devenu idiot, disait chaque fois qu'on nommait quelqu'un devant lui : *Brave homme!* et Forbin était également un homme à épigrammes malignes. Mais, se sentant désarmés et à la merci des autres, ils demandent grâce.

Comme ces enfants gourmands qui profitent de ce qu'ils viennent d'être malades pour se gorger de douceurs et de confitures, Villemain, depuis son accident, use et abuse de l'intérêt universel pour se gorger des louanges que chacun lui prodigue et pour se faire gratter à toute heure et partout sur sa bosse de vanité littéraire.

Un jour que Villemain s'amusait à persifler et à griffer Viennet, qui avait parlé à l'Académie dans un autre sens que lui, et qu'il disait à l'auteur d'*Arbogaste*, en sortant de la séance : « Mais je ne sais, mon cher ami, pourquoi vous m'en voulez ainsi ? j'ai toujours été très-bien pour vous. Je goûte beaucoup vos fables, si j'aime moins vos tragédies... — Eh ! que voulez-vous, mon cher, répondit en l'interrompant le brusque original, qui pour un maître sot a parfois de l'esprit, nous avons tous notre *Cromwell !* » Villemain resta sur le coup et s'en alla sans mot dire. M. Royer-Collard, présent, dit à Viennet : « Bien touché, monsieur ! » — Dès qu'on va droit sur Villemain, il recule et il *fouine*, comme on dit. Une plaisanterie surtout le rabat et l'éteint.

On peut dire quelquefois de Viennet qu'il a la sottise spirituelle.

Le talent littéraire (chose triste à dire) de

Villemain est demeuré entier après son accident, au milieu de la ruine de tout le reste en lui, comme dans un salon le vernis et le doré de la boiserie subsisteraient encore, lorsque le mur dessous serait en complet délabrement. — Crevez le papier ou la tapisserie, et derrière il n'y a rien.

—⊱⊰—

Un jour qu'il avait été repris de ses lubies et de ses papillons noirs, il avait à dicter à son secrétaire, le vieux Lurat, un de ces Rapports annuels qu'il fait si bien. Il se promenait à grands pas, dictait à Lurat une phrase; puis, s'arrêtant tout à coup, il regardait au plafond et s'écriait : *à l'homme noir! au jésuite!* puis, reprenant le fil de son discours, il dictait une autre phrase qu'il interrompait de même par une apostrophe folâtre : et le Rapport se trouva ainsi fait aussi bien qu'à l'ordinaire. Des deux écheveaux de la pensée, l'un était sain, l'autre était en lambeaux. Quelle leçon d'humilité! ô vanité de talent littéraire!

—❧—

Villemain est proprement un *tricheór*, comme disaient nos vieux trouvères. Si l'Académie le charge comme son secrétaire perpétuel de mentionner dans son Rapport la lettre et le bienfait de M. de Salvandy en faveur du jeune Labatut, il a soin d'*oublier* de le faire.

Après une discussion approfondie sur Cormenin (les *Entretiens de village*), il a eu soin de rédiger le procès-verbal d'une manière fallacieuse. — Il a rédigé le procès-verbal où se trouve la censure du procédé d'Alfred de Vigny, de façon à atténuer la décision votée par l'Académie, à l'adoucir sensiblement...

Mais il a une flûte admirable, il en joue à ravir ; c'est toujours surprise de l'entendre par moments, même lorsqu'on y est accoutumé. A l'Académie, l'autre jour (29 octobre 1846), il a parlé durant une heure et un quart à propos du *Dictionnaire,* et devant treize personnes que nous étions, avec un talent, une fertilité, une effusion et par moments une émotion dont rien ne saurait donner idée à qui ne l'a pas entendu. C'était un rideau brillant, flottant, éblouissant, qui faisait disparaître le fond du sujet. Était-ce là faire preuve d'un esprit bien solide? non pas ; mais il avait besoin de jouer de son instrument, et il en a joué. C'était admirable, ou plutôt c'était merveilleux.

—⁂—

J'aime le naïf dans les jugements. Je remarque comme les jeunes filles du peuple sentent souvent bien la poésie. La *petite Bohème,* qui ne sait pas lire, juge à merveille des vers de Chénier, de Lamartine, de Mme Valmore; elle s'écrie aux plus beaux, aux plus passionnés surtout et aux plus tendres. Et quant à Victor Hugo, elle sait très-bien en dire : « Il a de beaux vers, mais je l'aime bien moins que Lamartine. Il a comme cela trop de fantaisie à tout moment, trop de *fierté.* » C'est ainsi qu'elle appelle son fastueux et son *pomposo.* — Elle dit encore de lui : *Il se donne trop de gants.*

—◆—

Il font de la théologie à vingt ans, ils n'y a pas à désespérer qu'ils ne commentent l'*Art d'aimer* à cinquante.

—◆—

Les médecins sont sujets à être matérialistes, et les astronomes à être athées. C'est que les premiers ont continuellement sous les yeux le cerveau de l'homme, tandis que les autres n'aperçoivent nulle part le cerveau du monde.

—◆—

Les sciences physiques et naturelles ont

changé de face de nos jours; elles changent chaque matin par le travail incessant d'une foule de travailleurs distingués. M. Dumas défait la chimie de Lavoisier; M. Gaudichaud met sens dessus dessous la physiologie végétale; l'autre jour, M. Regnault donnait un rude échec à la loi de Mariotte. En un mot, quantité de résultats qui passaient pour établis ont cessé de le paraître. De même en histoire, en littérature. Ici le caprice s'en mêle davantage; on défait, on retourne des personnages. Hier on nous a fait un Pascal sceptique : aujourd'hui on nous promet un Diderot spiritualiste (1846).

—❧—

Le plus souvent nous ne jugeons pas les autres, mais nous jugeons nos propres facultés dans les autres.

—❧—

Quand on voit une personne, une double

question à se faire : — Quel âge a cet homme? — Quel âge ont ses pensées?

—❧—

J'ai tant de respect pour la philosophie que je crois qu'elle n'existe véritablement que chez celui qui la trouve, et qu'elle ne saurait ni se transmettre ni s'enseigner.

—❧—

L'envie est un sentiment petit et qui agit surtout à de petites distances. On envie particulièrement ses égaux, ses camarades, ses voisins : Villemain envie Cousin ; Nisard envie Saint-Marc. Le potier envie le potier. J'ai connu des bourgeoises qui auraient passé à leur amant une infidélité auprès d'une duchesse, et qui ne lui pardonnaient pas d'être poli avec la femme d'un employé, si c'était dans leur coterie. Quand l'envie s'étend et monte d'une sphère à l'autre, elle change de nom et même de caractère. L'ambition des grands cœurs se déclare. Il fallait l'orgueil de Lucifer pour vouloir être Dieu.

—⁂—

J'ai vu mon petit ami libertin (Baudelaire) qui m'a dit les choses les plus étranges en littérature et en poésie, mais spirituel et qui m'ouvre des jours sur les générations survenantes. Il raffole de Balzac et m'en donne une théorie très-amusante, et qui a cela de précieux pour moi qu'elle est bien au point de vue de cet auteur et qu'elle me le fait comprendre. Mais quand il en vient à Hugo, il me dit : « *C'est un âne de génie.* » — « Un âne ! » dis-je ; et j'essaye de l'en faire démordre. « C'est un mulet obstiné que vous voulez dire ? » — « Non, c'est bien un *âne.* » Il y tient et je finis par comprendre sa pensée, par y entrer même. — Seulement, pour être juste et ne pas déroger à l'héroïque, j'ajouterai que c'est l'âne d'Ajax, qui tient bon dans le champ hérissé de chardons, et sur qui on brise bien des bâtons avant de le forcer à la retraite, qu'il fait toujours en bon ordre.

—✻—

Mérimée est un observateur malin, précis, un charmant et parfait conteur, mais jamais personne en causant n'a fait moins de dépense d'*idées* proprement dites. — Cette justesse d'observation, Mérimée ne la porte que dans les faits précis, positifs, presque matériels : il ne l'a pas dans ses jugements littéraires ni moraux. — En fait de jugement littéraire, il avait bien auguré, après lecture, du succès d'*Agnès de Méranie;* et il estimait que le discours de Dupaty était *spirituel* et aurait un genre de succès qui, s'il n'était pas académique, n'en vaudrait pas moins.

—✻—

Oh! que je hais, en fait d'art, ces jugements soi-disant sensés, qui, ne se laissant pour rien déloger de leurs cadres, ne savent ni remonter d'une idée au-dessus des choses de leur berceau, ni se transporter dans la postérité d'une journée par delà l'instant de la tombe. Ils représentent le préjugé vivant dans toute sa rectitude et son aplomb.

—❧—

Laprade et Ponsard font de beaux vers, mais ces beaux vers sont prudents et froids. Ponsard dit de Laprade : « Comme ce Laprade est lourd et ennuyeux! » — Que dit Laprade de Ponsard?

—❧—

A combien de livres d'érudition ne pourrait-on pas mettre pour épigraphe ces lignes de Galiani :

« Rechercher toujours sans rien trouver, enfiler des éruditions sans les lier, entrevoir sans voir, ne partir d'aucun principe et aller sans aucun but. »

—⁂—

On a beau faire, on ne peut se purger de tout son christianisme. Mérimée ne croit pas que Dieu existe, mais il n'est pas bien sûr que le diable n'existe pas.

—⁂—

Soyons philosophe, ayons de la philosophie et même une philosophie, mais ne *faisons* pas de la philosophie.

—⁂—

J'ai l'esprit étendu *successivement,* mais je ne l'ai pas étendu *à la fois*. Je ne vois bien à la fois qu'un point ou qu'un objet déterminé. Cousin au contraire a l'esprit très-étendu; s'il est souvent dans les *à peu près* quand il s'agit de juger le particulier, il devient admirable d'exposition et de déploiement dans les régions où il y a de l'espace; son regard a besoin d'horizon.

Je n'ai jamais vu d'homme aussi dépourvu de *jugement* proprement dit, et ayant aussi peu la juste mesure des choses que Charles Nodier.

Et, en général, dans cette École dont j'ai été depuis la fin de 1827 jusqu'à juillet 1830, ils n'avaient de *jugement* personne, ni Hugo, ni Vigny, ni Nodier, ni les Deschamps; je fis un peu comme eux durant ce temps; je mis mon jugement dans ma poche et me livrai à la fantaisie. Au sortir d'une École toute rationaliste et critique comme l'était *Le Globe,* au sortir d'un commerce étroit avec M. Daunou, ce m'était un monde tout nouveau, et je m'y oubliai, savourant les douceurs de la louange qu'ils ne ménageaient pas, et donnant pour la première fois carrière à certaines qualités et facultés poétiques et romanesques que jusqu'alors j'avais comprimées en moi avec souffrance. Je sentais bien par moments le faux d'alentour; aucun ridicule, aucune exagération ne m'échappait; mais le talent que je voyais à côté me rendait courage, et je me flattais que ces défauts resteraient un peu le secret de la famille. Hélas! ils n'ont que trop éclaté depuis à la face de tous. Je m'efforçais cependant, sous forme indirecte (la seule qui fût admise en ce cercle chatouilleux) d'éclairer, de rectifier la marche, d'y apporter des enseignements critiques, et dans la manière dont je présentais mes amis poëtes au public, je tâchais de leur insinuer le vrai sens où ils devaient se prendre eux-mêmes, se diriger pour assurer à leurs talents le plein succès[1]. Et puis au milieu

1. Sainte-Beuve a dit ailleurs : « Dans mes Portraits, le plus souvent la louange est extérieure, et la critique intestine. »

de tout cela, et quoi que ma raison pût tout bas me dire, un charme me retenait, le plus puissant et le plus doux, celui qui enchaînait Renaud dans le jardin d'Armide.

Depuis 1830, ce dernier charme a continué de régner en moi durant plusieurs années, et en même temps ma raison était complétement éclairée sur les défauts des hommes de cette École. De là une lutte bien pénible et bien de la contrainte dans l'expression de ma critique. Enfin elle s'est fait jour.

Un moraliste physiologiste a dit : « De même qu'un arbre pousse inévitablement du côté d'où lui vient la lumière, de même l'homme, qui a l'illusion de se croire libre, *pousse* et se porte du côté où il sent que sa faculté secrète peut trouver jour à se développer. Celui qui se sent le don de la parole se persuade que le gouvernement de tribune est le meilleur; celui qui a le génie de la prédication est incliné à croire que l'ordre des frères prêcheurs est d'institution divine, et il le réinventerait plutôt que de s'en passer : ainsi de chacun. »

—❧—

J'ai dîné hier dimanche (3 octobre 1847) chez Thiers : il y avait Cousin et Mignet. On a parlé de Béranger. Thiers, qui l'a bien connu et qui a vécu avec lui durant de longues années, dans les moments les plus décisifs de son existence, le juge comme moi : un homme *calculé,* faux bonhomme, un comédien qui ne fait rien que par rapport à son *rôle,* dans les plus petites choses comme dans les plus importantes; d'une *vanité* qui n'a de comparable que celle de M. de La Fayette; ayant d'ailleurs du patriotisme sincère. Comme bon sens, il lui en trouve beaucoup, mais gâté par un esprit de *contradiction* et par le *caprice.* Cousin non plus que Mignet ne voient rien de tout cela et sont dupes du dehors. Je souriais en entendant Cousin défendre chaleureusement Béranger; je me rappelais que celui-ci ne l'appelait jamais dans un temps que le *laquais de Platon,* et qu'il disait de Mignet : « Oh! pour Mignet, il est comme les chats qui peuvent passer même par les égouts sans se salir... » Car tel est Béranger quand il parle, le dos tourné, de ses amis : il a une manière de les louer qui les dénigre.

—⁂—

Ce qui distingue, en certaines matières à ma portée, le soi-disant érudit de l'amateur éclairé, c'est que le premier hérisse ses pages de notes et ses notes de signes bizarres (*cfr.*), rétablit les fautes d'orthographe dans les passages qu'il cite, copie les noms propres estropiés en écrivant *sic* entre parenthèses, et s'abstient soigneusement de tout agrément, de toute idée, comme aussi de jamais citer les modernes qui en ont.

—⁂—

M. Royer-Collard disait de M. de Rémusat (ce qui était vrai en ce temps-là) : « Rémusat, c'est le premier des amateurs dans tous les genres. »

—⁂—

(Extrait de lettre à Mme Hortense Allart.) — « Je connais Leroux à fond et l'ai fort apprécié dans un temps. J'ai vécu presque deux ans avec lui, le voyant tous les jours. En 1830, nous fîmes *Le Globe* ensemble, et je lui servais de plume, car la sienne alors n'était guère plus taillée qu'un sabot. Mais il était plein d'idées et avait ce que j'appelais un *cerveau ubéreux;* il ne s'agissait que de le traire. Je l'ai vu refuser ces places dont parle Béranger; il aurait mieux fait de les accepter... Quand il se fit saint-simonien, c'est moi qui lui rédigeai sa Profession de foi; il n'a fait qu'y mettre deux ou trois pâtés en y touchant. Je l'aimais, je faisais grand cas de lui, mais dans une certaine mesure, et non pas comme d'un dieu ni d'un révélateur. Or c'est ce dernier rôle ni plus ni moins qui le tente, et toute son ambition s'y est tournée. Il s'est mis à endoctriner des femmes et des ouvriers, à avoir des dévotes et des séides. Tous moyens lui sont devenus bons... Dès que j'ai eu bien avéré ce point, il n'a plus été pour moi qu'un charlatan chez qui le vrai et le faux s'amalgament selon les vues et les intérêts de la circonstance... Après cela, faites-moi lire son dialogue (*Le Carrosse de M. Aguado*); car, encore un coup, je reconnais à Leroux des idées et une certaine puissance confuse... »

On remarque souvent que les santés délicates se fortifient et se raffermissent en avançant dans la vie. C'est que dans la jeunesse les organisations délicates font *certaine chose* qui les aiguise et les excite singulièrement. Plus tard, quand *cette chose* ne se fait plus ou se fait de moins en moins, la vie se décolore d'autant, mais la santé s'améliore.

—❧—

Les organisations délicates sont à l'instant averties du moindre dérangement; elles le pressentent pour ainsi dire à l'avance et par des sensations fugitives qui échappent à des organisations plus robustes. Elles ont comme des sentinelles à chaque organe, qui crient *qui vive* au moindre mouvement irrégulier. — Comme ces personnes qui ont le sommeil léger, elles ne se laissent pas surprendre par le voleur, et il les trouve en garde et debout.

—❧—

Je définis le sommeil une fonction durant

laquelle l'organisation se livre à un travail profond de réparation sur elle-même. La condition pour que cette réparation soit aussi complète que possible, c'est qu'il n'y ait aucune distraction au dehors : la vie de relation et celle d'intelligence doivent être totalement suspendues. Les fonctions animales elles-mêmes sont ralenties. Si le sommeil pouvait être suffisamment profond et prolongé, il rendrait chaque fois la jeunesse ; chaque matinée serait une parfaite jeunesse. Toute cette fatigue, qui est inséparable de l'exercice de la vie, aurait disparu. Mais il n'en saurait être ainsi que pour Apollon et les dieux de l'antique Olympe. La fatigue humaine n'est, pour ainsi dire, purgée qu'incomplétement par le sommeil ; il en reste nécessairement, il s'en accumule dans chaque organe ; elle s'y fixe, et en s'y fixant les vieillit. Cela augmente avec les ans, et en même temps le sommeil, le grand réparateur, diminue ; de moins en moins il répare. On se réveille presque aussi fatigué qu'on s'était endormi.

L'extrême fatigue habituelle est comme synonyme de l'extrême vieillesse. *J'éprouve une grande difficulté d'être*, disait Fontenelle ; et, poussée à sa dernière limite, cette fatigue deviendrait la mort naturelle, indépendamment même de tout accident. Les Anciens, dans leur langue voisine des choses, disaient, pour désigner les morts : οἱ καμόντες, *les fatigués*.

—⊱⊰—

M. Saint-Marc Girardin est une de mes antipathies ; il a dans la voix des notes fausses que je retrouve jusque dans son esprit. Jeune, il n'a jamais eu de cœur ni de foyer. C'est ce qu'on appelle un homme d'esprit assurément, c'est surtout un bel esprit, mais ce n'est ni un vraiment bon esprit ni une intelligence vigoureuse, et ceux qui le croient et qui sont délicats d'ailleurs, je leur en demande bien pardon, se trouvent en défaut de goût sur ce point-là.

—⊱⊰—

Pierre Leroux n'a jamais su écrire, en ce sens qu'il n'a jamais su se borner. Quand il commençait un article, il voulait bientôt y faire tout entrer; l'article grossissait à vue d'œil et devenait un paquet énorme où l'Orient, l'Europe, toute la politique, toute la théologie, toute l'esthétique, avaient peine à tenir. Un jour, on lui demanda une préface pour les *Fables* de Pierre Lachambeaudie, qui devaient paraître en livraisons. Il hésita d'abord, il répondit par un certain rire sardonique qu'il a, et fit la petite bouche. Puis, quand il s'y mit, il commença à s'étendre, à parler de tout; c'était à n'en plus finir, tellement que pour que les Fables trouvassent leur place à la suite de ce travail, qui menaçait de prendre tout le volume, il fallut l'avertir et l'arrêter. Les Fables semblent reléguées à la suite comme pièces à l'appui.

Leroux m'a fait comprendre (ce que la jeunesse ne soupçonnerait pas d'elle-même) qu'il y a, chez les systématiques convaincus, une heure mauvaise où le charlatanisme se glisse aisément, et où, si l'on n'y prend pas garde, l'indifférence sur le choix des moyens commence. C'est là une amère et utile école, et je la lui dois.

—✻—

Charlatanisme ! il en faut, je crois, dans la politique, dans l'art de gouverner les hommes. Napoléon disait un jour à propos de charlatan : « Charlatan tant que vous voudrez, mais où n'y en a-t-il pas ? Corvisart est charlatan, et pourtant, si votre femme ou votre fille est malade, vous appellerez bien vite le charlatan Corvisart. » — Oui, mais dans l'ordre de la pensée, dans l'art, c'est la gloire et l'éternel honneur que le charlatanisme ne pénètre pas, c'est ce qui fait l'inviolabilité de cette noble partie de l'homme.

—✻—

Ce qui manque à Cousin, c'est l'entière franchise : il fait de la politique en tout, il a du manége. En philosophie, il ne dit pas son fin mot ; s'il juge M. Royer-Collard, il le tire à lui ; s'il combat Salvandy sur la loi de médecine, il s'inquiète bien moins d'avoir raison sur le fond du débat que de démolir la loi de son adversaire. A l'Académie, il éternise avec Hugo des discussions dans lesquelles ce dernier a pourtant raison quelquefois. Cousin n'est qu'un *grand chef d'école* et de *parti;* ce n'est pas un philosophe.

Il y a deux sciences indispensables pour s'orienter avec quelque sûreté dans ce qu'on appelle la métaphysique, c'est la physiologie et les mathématiques : nos éclectiques modernes n'ont étudié ni l'une ni l'autre.

Les Anciens se rompaient à la rhétorique un peu comme autrefois les gens comme il faut apprenaient l'escrime. La rhétorique était une arme qui, dans bien des cas, sauvait la vie, un instrument de protection autant que d'ambition. Devant ces assemblées de peuple, cruelles et mobiles, un dénonciateur éloquent pouvait vous perdre; il fallait être, à chaque instant, en mesure de parer à un effet oratoire. La rhétorique était la sauvegarde de l'homme public, comme fut l'épée plus tard pour le gentilhomme.

—∞—

Le peuple de Paris a une dévotion toute particulière pour les morts. Hier, jour de la Toussaint (1er novembre 1847), il y avait procession à tous les cimetières; la foule y affluait avec des fleurs et des couronnes pour les tombeaux. On remarquait au Père-Lachaise le tombeau d'Héloïse et d'Abélard qui était surchargé de couronnes, car Héloïse et Abélard sont les vrais saints du peuple de Paris. Il n'est pas un couple amoureux qui ne fasse un pèlerinage à leur tombe. Le soir, on demandait devant moi à une grisette qu'est-ce qu'Abélard et quelle idée elle s'en faisait : « C'était un amant, répondit-elle. — Oui, mais qu'était-il d'ailleurs? que faisait-il? — Ah! reprit-elle, c'est un homme qui dans son temps a eu des malheurs, parce qu'il *était pour le peuple* et qu'il *l'appelait à la liberté.* » Et voilà comment les personnages se transforment dans la légende populaire.

Mérimée a réussi dans sa *Guerre sociale,* et il a échoué dans son *Catilina.* Dans le premier sujet plein d'actions coupées et de guerres, il s'est vite jeté dans les montagnes, il s'en est tiré. Mais dans l'autre ouvrage, il lui a fallu tenir le *forum,* ce qui ne lui va pas. Il n'a surtout rien compris à Cicéron, à cet homme dont on a dit magnifiquement qu'il était *le seul génie que le peuple romain ait eu d'égal à son empire.*

—❧—

Nodier avait le *don de l'inexactitude.* Comme érudit, il ne pouvait écrire deux lignes de suite sans qu'il y eût quelque erreur.

—❧—

Les conceptions de *Dieu* vont changeant incessamment parmi les hommes. Ce qui sera le *déisme* des hommes de demain est *athéisme* à ceux d'hier.

—❧—

Littré, malgré tout son mérite et sa science, est un esprit roide et rude, un peu agreste, tout d'une pièce. Il croit d'une manière absolue aux résultats de la logique; il y croit en politique, en littérature, sans s'apercevoir qu'il faut à tout instant corriger et contrôler ces résultats, en politique par l'expérience, et en littérature par un sens vif, délicat, mobile, qui à chaque point remet tout en question; et ce sens exquis s'appelle le goût.

S'il avait fait usage de ce dernier sens, il n'aurait pas poussé si loin sa traduction et parodie d'Homère en vieux gaulois. Il aurait compris que ce n'était là qu'un paradoxe ingénieux, bon à laisser à l'état d'*aperçu*, et il n'aurait jamais eu le courage d'en poursuivre l'application au delà du second ou du troisième vers, — tout au plus au delà du premier couplet. L'ennui, cette sentinelle vigilante du goût, l'aurait averti.

Condorcet, Turgot, Littré, Tocqueville, sont de ces esprits qui vont jusqu'au bout de leurs principes, et qui ne savent pas assez ce que c'est que l'ennui en matière littéraire.

—⁂—

Cousin a peut-être l'esprit aussi rapide et aussi étendu que Leibnitz ; mais il lui manque ce que Rémusat appelle *le plomb dans la ceinture,* ce qui affermit la course sans la ralentir.

—⁂—

Pascal, retiré, n'ouvrait plus ses fenêtres tous les matins, mais chaque fois qu'il les ouvrait, il ne pouvait s'empêcher de découvrir à l'instant quelque chose.

—⁂—

Beau mot de M. Thiers en causant et comme il n'en a jamais quand il écrit : « L'injustice est une mère qui n'est jamais stérile, et qui produit des enfants dignes d'elle. »

Et il citait Moreau qui, cruellement banni en 1803 pour un tort envers le Consul et non envers la France, revient en 1813 enfant ingrat. Il citait Dupont qui, durement puni pour son malheur à Baylen, devient ministre en 1814, et alors bien véritablement coupable, et qui se venge.

J'ai entendu hier (27 novembre 1847) M. Thiers causer admirablement et avec bien de la justesse.

« Croyez-vous, lui ai-je dit, à la philosophie de l'histoire, telle qu'on l'a entendue dans ces derniers temps? (Je pensais à Cousin.) Pour moi, je n'y crois pas.

— Il faut s'entendre, m'a-t-il répondu; voici une comparaison qui m'est familière sur ce sujet : je suppose un homme sur une barque qui descend un fleuve; il peut se laisser aller au courant, ou bien il peut ramer, remonter, croiser, composer en un mot avec le courant. C'est là ce que peut faire l'homme aux prises avec la force des choses, car il a le *libre arbitre*[1].

« On ne peut d'ailleurs se refuser à voir dans certains événements des rapports nécessaires, des lois. Prenez la Révolution française et la Révolution d'Angleterre; malgré toutes les différences de temps, de lieu, de doctrine, quel rapport frappant dans la marche! Comparez Cromwell et Napoléon, Cromwell bien moindre, mais un grand homme aussi et qui a eu le mérite de durer. — On a dit de Napoléon qu'il était un *Robespierre à cheval;* c'est faux de Napoléon, mais c'est vrai de Cromwell. La Révolution anglaise plus courte, plus resserrée, a permis à un même homme de faire

1. M. Thiers ne prend ici le mot de *libre arbitre* que dans le sens de *volonté,* sans préjuger l'explication philosophique de la liberté morale. (S.-B.)

les deux rôles de destructeur et de restaurateur. L'Angleterre étant une île, la Révolution s'y est ramassée. — Eh bien, le fils de Cromwell, malgré tout, n'a pu tenir sur cette espèce de trône où était mort son père.

« On a dit que si Napoléon avait gagné la bataille de Waterloo, il se serait maintenu, il aurait pu transmettre le sceptre à son fils. Pas le moins du monde. Il n'y a rien de tel que l'*ancienne possession* pour durer. M. de Talleyrand a inventé le mot de *légitimité* à l'usage des Bourbons; ce mot était bête comme eux (car ils étaient surtout bêtes), le mot était digne de ceux qui dataient en rentrant :... *et de mon règne la vingt et unième*. Mais le vrai mot, la chose vraie, c'est le droit d'*ancienne possession*. Voilà ce que respectent les hommes, et c'est très-heureux qu'ils le respectent, car sans cela ce serait une mobilité perpétuelle. Être *fils de famille*, c'est beaucoup.

« Voyez le grand Frédéric. Dans la première partie de son règne, il a fait toutes les folies, tous les coups de tête imaginables, de même que dans la seconde moitié il a été un politique accompli. Dans la première il n'était encore qu'un grand capitaine. Les Autrichiens lui ont pris deux fois sa capitale, les Russes une fois. Croyez-vous que, s'il n'avait pas été un fils de famille, un fils de roi, ses ennemis n'auraient pas eu un prétendant tout prêt contre lui? Au lieu de cela, ils se contentèrent de lever une contribution sur Berlin et partirent, dès qu'ils surent qu'il levait le camp pour accourir au secours de sa capitale.

« Napoléon, en 1815, a dit une parole admirable : « Si j'avais été seulement mon petit-« fils, je me serais relevé même du pied des « Pyrénées. » Il se résigna avec ce profond jugement des choses. Un *butor* à sa place, entendez-vous bien? un *butor* se serait obstiné et aurait peut-être gagné encore une bataille, et qui ne l'aurait avancé en rien. C'est égal, on a toujours raison de gagner une bataille quand on peut, et de faire preuve de son libre arbitre contre les choses...

— En effet, repris-je, les lois générales s'en tirent ensuite comme elles peuvent, et, si l'on a pu leur donner un croc-en-jambe, c'est tant mieux. »

Et comme il était en verve, il reprit : « Buffon a fait un admirable discours sur l'homme, il y a des observations profondes sur la vie, sur la mort, des choses éternellement vraies, mais c'est sur l'homme *physiologique,* non pas sur l'homme en société et dans l'ordre politique. Les animaux, une fois décrits, restent les mêmes; les mœurs des castors ne changent pas, mais l'homme qui a... » il allait dire, *le libre arbitre,* je l'interrompis pour lui dire : « qui a *l'esprit de contradiction,* » et il poursuivit :

« L'homme ne se comporte pas de même dans tous les temps et dans tous les pays; il y a une variété infinie dans son unité. C'est difficile à saisir. Cousin a dit autrefois là-dessus des choses brillantes ; mais pour faire une vraie philosophie de l'histoire, il faudrait avoir étudié de près et avoir pratiqué les réalités politiques. Peut-être un jour un esprit qui aura la pratique consommée et qui sera assez généralisateur pourra établir des lois...

— A la bonne heure, repris-je, cette philosophie de l'histoire, telle que Machiavel l'entendait, et telle que vous la définissez là, fondée sur une observation précise et rigoureuse, je suis prêt à y croire. »

Je me fais quelquefois un rêve d'Élysée; chacun de nous va rejoindre son groupe chéri auquel il se rattache et retrouver ceux à qui il ressemble : mon groupe, à moi, je l'ai dit ailleurs, mon groupe secret est celui des *adultères (mœchi)*, de ceux qui sont tristes comme Abbadona, mystérieux et rêveurs jusqu'au sein du plaisir et pâles à jamais sous une volupté attendrie. — Musset au contraire a eu de bonne heure pour idéal l'orgie, la bacchanale éclatante et sacrée; son groupe est celui de la duchesse de Berry (fille du Régent) et de cette petite *Aristion* de l'*Anthologie* qui dansait si bien et qui vidait trois coupes de suite, le front tout chargé de couronnes. Κῶμοι καὶ μανίαι μέγα χαίρετε... (*Anthol. Palat.*, VII, 223.)

Comment ai-je eu dès l'enfance une vocation *littéraire* si prononcée, mêlée à ma disposition rêveuse? Je me l'explique très-bien *physiologiquement*, quoiqu'en remontant je ne trouve rien de littéraire dans ma famille. Mais mon père avait fait de bonnes études, et depuis il avait toujours cultivé la chose littéraire avec amour, avec goût. Homme sobre et de mœurs continentes, il m'a eu à plus de cinquante ans, quand son cerveau était le mieux meublé possible et que toute cette acquisition littéraire qu'il avait amassée durant sa vie avait eu le temps de se *fixer* avec fermeté dans son organisation. Il me l'a transmise en m'engendrant; et dès l'enfance j'aimais les livres, les notices littéraires, les beaux extraits des auteurs, en un mot ce qu'il aimait. Le point où mon père était arrivé s'est trouvé logé dans un coin de mon cerveau à l'état d'organe et d'instinct, et ç'a été mon point de départ.

—✠—

(Le dimanche 19 décembre 1847). Thiers cause *à mort* sur l'avenir de l'histoire et du monde. Que d'idées, que d'enjambées ! quelles audaccs de prédiction ! Ampère était là et Mignet, plaidant tous deux pour les traditions historiques, et le médecin Andral, qui, en physiologiste observateur, regardait cette orgie intellectuelle et ne disait mot. Thiers dit que c'en est fait de notre vieux monde, que le moment des grandes choses est passé pour la vieille Europe, qu'elle a fait son temps, et que la décadence de la langue en France indique plus sûrement que tout autre signe la ruine commençante :

« Il n'y a plus que deux peuples jeunes, dit-il, la Russie, là-bas ; c'est barbare encore, mais c'est grand, et (Pologne à part) c'est respectable ; la vieille Europe aura tôt ou tard à compter avec cette *jeunesse,* car la Russie est une *jeunesse,* comme dit le peuple. L'autre *jeunesse,* c'est l'Amérique, une démocratie adolescente et enivrée, qui ne connaît aucun obstacle. L'avenir du monde est là, entre ces deux grands mondes. Ils se heurteront un jour, et l'on verra alors des luttes dont le passé ne peut donner aucune idée, du moins pour la masse et le choc physique, car le temps des grandes choses morales est passé. Il n'y a plus qu'un rôle en France que j'envierais, mais je suis venu cinquante ans trop tôt. Après Alexandre, il n'y avait plus en Grèce qu'un rôle, c'était d'être Philopœmen, de mourir avec son pays en le défendant héroïquement. La France a encore ce grand moment à passer avant de finir sous les coups du Nord. Quant à l'Allemagne, elle est finie... »

On essaye de l'arrêter, de lui faire mille objections ; il n'en entend aucune et va son train. Ampère essaye de lui persuader que le monde, vu dans son ensemble, est jeune bien loin d'être vieux ; qu'à juger par analogie, l'humanité a encore un long espace à vivre, à se développer ; qu'à la comparer dans sa durée à la vie d'un individu, l'humanité n'a guère que *sept ans,* à peine l'âge de raison! On rit, on s'échauffe, on ne s'entend pas, et je finis par conclure que nous sommes entre la Russie et l'Amérique, ces deux *jeunesses,* comme l'homme de la fable entre ses deux maîtresses. Tâchons de sauver le reste de nos cheveux. — A l'autre bout de la table, Duvergier de Hauranne, que Thiers regardait avec malice en l'appelant l'*homme du présent,* n'entendait pas par bonheur toute cette débandade historique, qui nous jetait si loin de la réforme électorale et du banquet de Rouen.

Que d'esprit ! que de vues ! que de bruit ! quel torrent sans digue !

—⁂—

Entre la manière abondante, excessive, *asiatique* de Lamartine dans ses *Girondins* et la manière nue, sèche et toute *pelée* (ψιλός) de Mérimée dans son *Don Pèdre,* il y a certainement un milieu qui est la vraie voie romaine en histoire.

—⁂—

Le christianisme, de nos jours, a cessé d'être cru ; mais il a été compris et senti : c'est ce qui le prolonge.

—⁂—

Rien ne meurt tout à fait dans ce monde, si on ne l'écrase violemment et si on ne l'assomme. Autrement, les vieilles choses durent et persistent indéfiniment, réduites à l'état de secte. Il y a encore des Juifs, il y a encore des Jansénistes, il y aura longtemps encore des Jésuites; il y aurait encore des païens dans les campagnes si quelque empereur violent n'avait rasé les petites chapelles ou n'y avait planté au sommet une croix. Du moment que les grandes choses sont décapitées et ont véritablement cessé de vivre en cessant de régner, elles peuvent végéter sans terme à l'état d'êtres inférieurs, comme des mollusques dont les morceaux font *secte* : il n'y a qu'une manière d'en finir, c'est de mettre le pied dessus, et c'est une vilaine manière qu'il faut laisser aux *butors* et qui répugne aux honnêtes gens.

La nature veut qu'on jouisse de la vie le plus possible et qu'on meure sans y penser. Le christianisme a retourné cela.

Si l'on connaissait bien la race (physiologiquement), on aurait un grand jour sur la qualité secrète et essentielle des esprits; mais le plus souvent la race est obscure et se dérobe.

Il faut étudier tout individu distingué, s'il est possible, dans ses parents — dans la mère — dans la sœur — dans le frère — dans les enfants même; il s'y retrouve des linéaments essentiels qui sont souvent masqués dans celui qui les combine en lui et les rassemble; le fond se retrouve plus à nu et à l'état simple dans les parents. — Ceci est très-délicat et demanderait à être éclairci par une multitude d'exemples que j'ai amassés; je développerai peut-être cela un jour. — Toute une méthode littéraire *naturelle* en sortirait. — J'écrirai, s'il le faut, cette *philosophie* de ma critique (1847).

Je lis le discours de Montalembert à la Chambre des pairs (15 janvier 1848) et je suis témoin de l'enthousiasme sans exemple que ce discours excite dans les salons et qui n'est qu'un reflet affaibli de celui qu'il a excité dans la haute Chambre ; il faut ajouter l'éloquence au nombre de ces *puissances trompeuses* dont Pascal a parlé après Montaigne. Il y a un très-grand talent dans ce discours et beaucoup de choses vraies, si l'exagération peut être vraie ; mais comment tout cela se tient-il? Quoi ! monsieur, vous voulez la liberté entière et absolue, et vous parlez contre les résultats mêmes de cette liberté ! Ce n'est donc que ce résultat moral de la parole que vous cherchez? Mais est-ce là le propre d'un homme politique? Qu'est-ce qu'un résultat moral qui ne se réalise point par des actes? La liberté, la liberté entière, répétez-vous, au moment où vous en dénoncez les excès. — Mais a-t-on jamais dit à un général : « Restez en plaine, n'occupez aucune hauteur en face de l'ennemi, ne prenez aucune précaution, aucune garantie, surtout pas de défilé, pas de position défendue à l'avance, ni de fort retranché; laissez faire, laissez déborder en tous sens, mais tenez bon pourtant et restez en plaine. » — Montalembert est éloquent, il a le sentiment du juste et de l'injuste comme un homme qui va tout droit devant lui et qui ne voit qu'un côté; mais en fait de vraie théorie sociale, c'est un enfant, un écolier.

Une des choses qui m'ont donné le moins de confiance dans le *goût* du public, ç'a été de voir comme depuis le jour de ma nomination à l'Académie, j'ai été compté par des gens qui la veille comptaient à peine avec moi; car enfin la veille je ne valais pas moins, et en général, dans ces années de seconde et vive jeunesse, je valais mieux que depuis. Mais les hommes pour la plupart ne savent par eux-mêmes quel jugement porter; ils ont besoin d'une marque extérieure qui les rassure.

Ces hommes, Guizot, les doctrinaires et leurs disciples, et en général les phraseurs ou les philosophes de tribune, perdent la France; avec leurs grands mots de *justice*, d'*ordre*, de *civilisation*, ils méconnaissent ce qui fait la vie des nations; ces grands mots seraient bons à dire, mais il faudrait savoir, en les disant, qu'il y a encore autre chose à faire pour maintenir la grandeur et l'avenir d'une patrie. — *Les nations, les unes à l'égard des autres, n'ont d'autre règle que leur intérêt bien entendu.* — A force de répéter ces mots de tribune, on persuade à la nation qu'il n'y a pas d'autre règle politique. Passe encore si l'on était vertueux envers et contre tous. Mais on garde toute sa vertu et toute sa grandeur d'âme pour régler sa conduite avec les autres puissances; à l'intérieur et dans le ménage politique on se réserve d'être double, fourbe, et de mettre à profit la corruption. Puis, dès qu'on est en face de M. de Metternich ou de lord Palmerston, on se conduit comme un sage ou comme un saint.

On garde toute sa rouerie et son dessous de cartes pour le dedans, mais au dehors, dès qu'il s'agit de stipuler pour les intérêts du pays devant des puissances jalouses, on affiche la loyauté et la galanterie même. Mazarin ou Walpole au dedans, on se retrouve M. Turgot (ou M. de Broglie) au dehors. C'est un peu gauche et à contre-sens.

La peur, la platitude, les intérêts privés et l'absence complète de sentiment national se couvrent sous ces grands mots de *civilisation chrétienne* et d'*ordre européen*. Voyez Villemain; il est certainement celui qui joue le mieux de ce mot de *christianisme* en politique. On tend à établir que la guerre n'est plus possible et que l'ère de la paix perpétuelle selon l'abbé de Saint-Pierre a déjà commencé. *Puis le jour viendra où la nation corrompue au dedans, énervée par ses mœurs pacifiques et gorgée de sophismes philanthropiques, se trouvera en face d'un ennemi armé, puissant, égoïste. Comment soutiendra-t-elle alors la lutte formidable*[1] ? (janvier 1848.)

—⁂—

Gardons-nous de l'ironie en jugeant. De toutes les dispositions de l'esprit, l'ironie est la moins intelligente.

—⁂—

24 février 1848. — Quels événements ! quel songe ! Je m'attendais à bien des choses, mais

1. M. Cheramy me fait remarquer le rapprochement suivant entre les paroles prophétiques de Sainte-Beuve et celles d'un grand tacticien du XVIIIe siècle, le comte de Guibert, celui même qui inspira une si violente passion à mademoiselle de Lespinasse : « ... Mais supposons qu'il s'élevât en Europe un peuple vigoureux de génie, de moyens et de gouvernement ; un peuple qui joignît à des vertus austères et à une milice nationale un plan fixe d'agrandissement ; qui ne perdît pas de vue ce système ; qui, sachant faire la guerre à peu de frais et subsister par ses victoires, ne fût pas réduit à poser les armes par des calculs de finance : on verrait ce peuple subjuguer ses voisins et renverser nos faibles constitutions comme l'aquilon plie de frêles roseaux... » (*Essai général de tactique, précédé d'un Discours sur l'état actuel de la politique et de la science militaire en Europe*, par le comte de Guibert, Liége, 1773, *Discours préliminaires*, p. 13). J. T.

pas sitôt ni de la sorte. Que la sagesse de tous les prétendus sages paraît petite maintenant! que la prudence des prudents est vaine! Je suis tenté de croire au néant de tout jugement, du mien en particulier, moi qui me mêle de juger les autres et qui suis si débile de vue. — Je suis tenté de briser pour jamais cette plume qui écrit et qui se flattait d'être quelque chose.

Ce 29 février (fragment de lettre)... « J'ai vu Thiers il y a trois jours, il est très-bien, et acceptant la situation lui et ses amis. Ils reprendront leur place naturelle dans une Assemblée...

« Enfin l'avenir dira ce que nul ne sait. Il ne faut plus parler sagesse ni prudence ordinaire, elle a été trop en défaut. Et ce Guizot, l'historien philosophe, s'est trouvé en définitive plus bête qu'un Polignac. L'utopie, au contraire, et le rêve du poëte est devenue un fait et une réalité. Je pardonne tout à Lamartine; il a été grand dans ces journées, et il a fait honneur à la nature poétique...»

—❧—

— Mais ce sont des folies que tout ce qui se passe, me dit madame... — Et à mon tour je réponds : Mais dites-moi donc ce qu'est cette sagesse qui, étant maîtresse de tout, ne sait prévoir ni prévenir le triomphe de ces folies.

Ce sont des folies, dites-vous. Mais qui donc aujourd'hui a le droit de parler de sagesse?

—❧—

Si Louis-Philippe avait succombé, il y a quelques années à Fontainebleau, sous la balle de Lecomte, il n'y aurait pas eu assez de voix pour déplorer une telle perte, pour proclamer la nécessité dont il était pour le maintien de l'ordre, de la paix publique, pour exalter sa prudence, son courage, ses qualités de grand roi. — C'est ainsi que se font les oraisons funèbres, et celle-là eût paru assez fondée aux yeux de bien des gens. Venez donc croire après cela aux jugements des hommes ! Où est-il celui dont l'œil sonde les reins et perce les horizons ?

Que doit penser en ce moment dans sa prison Abd-el-Kader, l'homme du Koran ? Il se passe certes dans son cœur des pensées qui égalent l'éloquence d'un Bossuet sur la fragilité des choses humaines.

—※—

Il y a longtemps que Solon l'a dit : Avant de prononcer d'un homme qu'il est heureux ou sage, il faut attendre sa mort.

—※—

Louis-Philippe disait : « Je puis tenir bon

dans mon système; la garde nationale sait trop bien son intérêt pour me chasser jamais. » — Une catin, qui savait le fin du jeu en toutes choses, madame de Tencin, disait : « Les gens d'esprit font beaucoup de fautes en conduite, parce qu'ils ne croient jamais le monde assez bête, aussi bête qu'il l'est. » Louis-Philippe n'était qu'un homme d'esprit.

Fragment de lettre à madame H. A...: — Vous m'écriviez l'autre jour de Guizot qu'il était *bien habile;* vous me parlez aujourd'hui de sa *flexibilité.* M. Guizot n'était rien de tout cela, et ce qui l'a perdu, c'est précisément, avec un esprit si supérieur, de n'être point habile, d'être roide, d'être *antipathique,* comme d'autres sont sympathiques; de n'avoir à aucun degré le sentiment de l'opinion publique et populaire, et de l'irriter sans cesse. Il y a longtemps que M. Molé a caractérisé la politique de

M. Guizot *une politique à outrance :* nous en recueillons les fruits. — Les hommes que j'ai loués et dont j'apprécie tant le jugement (M. Molé, etc.) ne sont pas de ceux entre les mains desquels un État périt; ils peuvent manquer de force et de fermeté; mais ils ne manquent certes pas de prévoyance ; et c'est la prévoyance qui de tout temps a fait faute aux doctrinaires, à cette secte douée entre toutes

D'une intrépidité de bonne opinion...

...Enfin la chose est faite, et l'on n'a plus le choix. Chacun a fait autre chose que ce qu'il voulait, et la plupart trouvent qu'ils ont trop réussi. On voulait pousser Guizot dehors et le mettre à la porte; mais il s'est trouvé que cette porte où on le poussait était une fenêtre, et l'on a sauté de trois étages là où l'on ne comptait descendre que d'un ou de deux degrés. On est tout étonné du saut, et de ne pas s'être fait plus de mal. On se tâte, et l'on n'a qu'une forte commotion et un très-grand étonnement.

Nous qui sommes poëtes, c'est-à-dire des oiseaux sur la branche et qui ne tenons à rien, nous acceptons le monde comme il tourne, et je ne conçois pas bien en quoi j'ai pu vous scandaliser...» (3 mars 1848.)

—❧—

Fragment de lettre à F...: « ...Voilà, en effet, de grandes choses faites, l'essentiel est de les tenir et d'avoir la suite comme on a eu l'élan. Je suis un peu vieux pour recommencer quelque chose, mais j'assiste avec intérêt et avec sollicitude. C'est aux jeunes à faire leur œuvre, et à nous consoler si nous regrettons, à nous raffermir si nous nous méfions. Je crois que le monde en masse s'est amélioré, et que bien des choses sont aujourd'hui possibles qui ne l'étaient pas auparavant. On ne saurait pourtant se dissimuler qu'on a fait là un fameux saut en quelques heures. En 1830, le bon Ballanche me disait avec sa joue enflée et

5.

sa parole un peu bégayante : « Je crois, monsieur, que *nous avons franchi à la fois deux degrés d'initiation.* » Ici on en a bien franchi trois d'un seul bond. Puisse notre sagesse se mettre vite au pas ! les intentions sont bonnes, les cœurs assez généreux ; mais cette corruption contre laquelle on criait tant et qui était un peu réelle, ne va pas se dépouiller en un jour. Gare les intrigants et la curée ! gare... bien d'autres choses !... » (3 mars 1848.)

—❧—

Rien ne ressemble comme les journées de Février à une déposition d'empereur romain dans un tumulte.

—❧—

J'ai toujours dit que Guizot était un grand professeur d'histoire. Quelle leçon dernière il vient de nous donner là !

—❧—

Le passé est une prédiction de l'avenir, a dit Mably. A quoi cela a-t-il servi à Guizot?

—※—

Si nous sommes destinés à expier à nos dépens et à redresser par expérience toutes les idées fausses qui ont cours sur la société et sur la nature humaine, nous en avons pour longtemps et l'école sera dure.

—※—

Nous sommes en mer, nous venons de nous embarquer pour un grand inconnu : trouverons-nous sur notre route une Amérique? En attendant, nous voilà emportés sans retour sur le grand Océan.

—※—

Mars 1848. — J'ai en moi plusieurs sentiments contradictoires et comme des hommes divers qui se combattent :

Je suis curieux, et le spectacle des choses humaines m'amuse ;

Je suis artiste, et les choses lestement faites, galamment troussées, me séduisent. Et quoi de plus galamment troussé que cette affaire-là ?

Je suis au fond Girondin et républicain par instinct ; j'ai l'humeur populaire, et à chaque émotion publique le vieux levain se remue en moi.

Mais j'ai quarante-quatre ans ; je suis délicat de santé, de nerfs ; raffiné en goûts littéraires et en mœurs sociales ; je suis assis depuis des années, et mes habitudes sont en contradiction avec mes instincts.

Nous sommes dans la chaudiere d'Éson.

La liberté, la propriété, le mariage même, tels que nous sommes accoutumés à les entendre, ne sont sans doute pas des formes définitives de la société, et si ces formes sont destinées à subir quelque transformation profonde, ce ne peut être que par une suite de secousses du genre de celles auxquelles nous assistons. Nous ne sommes qu'au commencement.

—❧—

Les politiques de ces dernières années jouaient une partie d'échecs et ne faisaient attention qu'à leur échiquier ; mais la table sur laquelle posait cet échiquier, ils n'y songeaient pas. Or cette table était une table vivante, le dos du peuple qui s'est mis à remuer, et en un clin d'œil au diable l'échiquier et les pions ! Ils oubliaient le dos de la baleine.

—❧—

Nous allons tomber dans une grossièreté immense : le peu qui nous restait de *la Prin-*

cesse de Clèves (et Dieu sait qu'il ne nous en restait pas grand'chose) va s'abîmer pour jamais et s'abolir.

—⁂—

Cette révolution est comme la société moderne, toute positive ; rien de national, ou peu de chose ; pas d'enthousiasme. La satisfaction des intérêts avant tout. Le premier soin au lendemain de la victoire est pour une question de salaire et de gros sous. — C'est respectable, mais c'est triste.

—⁂—

En voyant cette chute ignominieuse d'un roi qui avait pris la place d'un autre, et dont la race depuis le Régent n'avait reculé devant aucun crime ni devant aucune bassesse pour se substituer à la branche aînée, en voyant cette chute merveilleuse et facile enlevée en un tour de main, quelqu'un disait : « C'est le doigt de

Dieu. » — « *Le doigt de Dieu! dites plutôt qu'il y a mis les quatre doigts et le pouce,* » repartit la spirituelle Mme de V..., qui a un grain de l'esprit de Mme C...

— Oui, *les quatre doigts et le pouce!* mais nous qui sommes derrière la toile, nous recevons, pauvrets, notre part du coup de poing.

La dynastie d'Orléans avait beaucoup de rejetons, mais pas de racines.

J'ai entendu Thiers et M. Molé séparément, chacun exprimant son avis sur les grands événements où nous sommes. J'ai été frappé de la différence des deux jugements : M. Thiers, sombre, estimant tout perdu, la société s'écroulant dans l'anarchie, et le monde penchant à sa ruine; M. Molé au contraire plus serein, avec je ne sais quoi de clair et de net qui, sans lui faire voir en beau les choses, dégageait pourtant sa perspective. Autant l'autre m'avait paru le front rembruni, autant je trouvais ici un certain air lucide qui se laissait voir dans toute la personne. Je me suis très-bien rendu compte de ces deux impressions si diverses chez ces deux hommes d'un bon esprit, d'un grand sens et tous deux jetés également de côté par la tempête. L'un, M. Molé, a sa carrière faite; il y perd peu d'avenir, et cet avenir que le vieil homme en lui ambitionnait peut-être, mais que l'homme de bon sens déclinait tout bas, il s'en trouve honorablement déchargé par la force des choses. Son passé s'embellit tout d'un coup par le contraste, et il se trouve que le ministère du 15 avril va être dans l'histoire le moment le plus serein et le plus calme de ces dix-huit années. Il a enfin la secrète satisfaction de voir que c'est entre les mains de ses grands ennemis les doctrinaires que la partie s'est perdue. Thiers a moins de sujets de se consoler. Ce régime qui s'abîme était proprement le sien; il s'était compromis à le fonder; il n'avait pu trouver l'occasion de le relever et de l'honorer comme il aurait voulu, par une administration un peu généreuse et nationale; il avait droit de compter que ce moment déjà manqué par deux fois (au 22 février et au 1er mars) lui reviendrait enfin et qu'il aurait son jour. Ce jour lui échappe et il voit la société rouler d'un seul bond sur des pentes où, avec ses habitudes d'esprit et dans son ordre d'idées, il ne peut plus guère espérer de l'atteindre[1]. Ainsi je m'explique les différences

1. Sainte-Beuve ne pouvait prévoir, quand il écrivait cela, les événements de 1870-1871, qui ont remis les destinées de la France dans les mains de M. Thiers, et ont fait de lui le président-fondateur de la troisième République. Il a manqué à Sainte-Beuve d'assister à ces événements effroyables, qui ont rendu cette forme de gouvernement inévitable pour quiconque préfère le salut de son pays à sa ruine. Ce qu'il vient d'avouer plus haut qu'il était d'instinct en 1848, il eût été forcé de l'être de nos jours par devoir et par patriotisme. Le rang où il était allé se poser de lui-même, en dernier lieu, et par conviction, sur le terrain de l'opposition philosophique au Sénat et dans le journal *le Temps*, était un poste d'honneur auquel il n'eût pas failli. Sa conscience le

d'impression et d'humeur de ces deux hommes, indépendamment des raisons mêmes qui tiennent au pur jugement. — Et y a-t-il jamais en nous de telles raisons tout à fait indépendantes de l'impression secrète et de l'intérêt intime?

L'opposition constitutionnelle est bien attrapée et confuse du résultat qu'elle a obtenu. Il faut convenir qu'il est dur de couver si longtemps une réforme pour mettre tout d'un coup

déliait envers l'Empire après Sedan : il eût pris fait et cause pour la patrie. Il ne se faisait déjà plus d'illusion lorsqu'il dictait, en 1865, ce portrait des *Césars de seconde classe et comme fabriqués,* qui *restent court et à bout de voie* devant les *quadrilatères* (*Nouveaux Lundis,* t. XIII, p. 461). Lui qui avait à un si haut degré le sentiment de l'honneur national et militaire de la France, et qui l'a exprimé en des termes d'une si chaleureuse indignation dans une belle page sur les résultats de la victoire de Denain, contestés de nos jours par MM. Guizot, Topin et Villemain (*Nouveaux Lundis,* t. XI, p. 47), comment n'eût-il pas flétri la capitulation honteuse du dernier Napoléon? La révolution de 1848, qui troublait tant à son moment les esprits rassis de la littérature et de la politique, n'avait pas du moins occasionné le démembrement de la France. J. T.

au monde une révolution. Ce n'est pas la montagne qui est accouchée d'une souris, c'est la souris qui est accouchée de la Montagne. — Puisse celle-ci ne pas être la *Montagne*, trop à la lettre!

Il arrive bien souvent que l'idée qui triomphe parmi les hommes est une folie pure; mais, dès que cette folie a éclaté, le bon sens d'un chacun s'y loge insensiblement, l'organise, la rend viable, et la folie ou l'utopie devient une institution qui dure des siècles. On en pourrait citer plus d'un exemple (le Christianisme et ce que nous voyons).

Ce n'est pas ici une révolution politique, mais un avénement de classe. La classe aristocratique et cléricale avait été renversée par la classe bourgeoise; celle-ci à son tour a fait son temps, et la voilà renversée par la classe ouvrière. Ce sont là nos maîtres du jour et de l'avenir. Car il y a toujours des maîtres.

—❧—

Le quiproquo de Paris court l'Europe, la mystifie, et devient une immense vérité en la bouleversant tout entière. — O historiens, qu'en dites-vous? et toutes ces grandes explications du passé où il n'entre pas le plus petit mot pour rire, qu'en pensez-vous maintenant? Il y a longtemps, pour mon compte, que j'en pense ce qu'il faut : ironie et dérision universelle!

—❧—

Le mot *ennui* avait un sens primitif très-fort qui s'est perdu et comme évaporé dans l'usage social et par l'abus qu'on en a fait. Il retrouve ce sens premier dans la bouche du peuple. Hier je rencontrai une charmante grisette de dix-huit ans, née à Laon ; elle me raconta son histoire, elle n'avait pas mangé depuis deux jours ! et à toutes mes questions la pauvre enfant ne trouvait qu'un mot à dire pour toute plainte : *Je m'ennuie bien, je m'ennuie.*

Une affreuse calomnie m'atteint (30 mars 1848[1]) : voilà donc le prix de tant d'années de discrétion, de délicatesse et de désintéressement. J'envoie au ministre ma démission *(de*

1. Il s'agissait de cette fameuse mention du nom de Sainte-Beuve, accolé à une somme de *cent francs,* sur une liste de fonds secrets. Sainte-Beuve en a donné plus tard une explication assez gaie en racontant, dans la préface de *Chateaubriand et son groupe littéraire,* qu'il avait fait faire autrefois une réparation à une cheminée dans le logement qu'il occupait à la Bibliothèque Mazarine, et que cette réparation avait coûté *cent francs.* Comme elle était à la charge du propriétaire, et que le propriétaire, en pareil cas, c'était l'État, on avait dû écrire tout simplement sur le mémoire présenté au ministère pour être acquitté : *Sainte-Beuve, cent francs.* Mais, dans le particulier, il donnait une autre explication, et il nommait fort nettement quelqu'un qu'il supposait capable d'avoir abusé de son nom. J. T.

bibliothécaire à la Bibliothèque Mazarine), et à Jean Reynaud une note[1].

Je vais reprendre ma vie de peine et de labeur, mais aussi toute ma liberté, tout le sentiment de ma liberté.

—⁂—

Ce 9 avril 1848. Après bien des jours d'odieux ennui, je viens de lire quelques pages d'Hérodote, le premier livre, la prise de Sardes, la chute de Crésus : beauté simple, vérité éternelle! Des larmes me venaient aux yeux en lisant ces leçons de l'éternelle fragilité des fortunes humaines : *Solon, Solon, Solon!* quelles belles paroles sur la clémence, la pitié, sur la paix, sur toutes choses vraies encore après des milliers d'années! Oh! cela élève le

1. Cette note a été publiée par nous, à titre de document biographique, dans le volume intitulé *Souvenirs et Indiscrétions*, p. 194. Elle est datée du 31 mars 1848. J. T.

cœur et fait l'effet d'un bain délicieux dans un grand fleuve de Lydie!

-⁂-

C'était du temps de ce bon Gouvernement provisoire qui fit tant de choses et qui en laissa tant faire. La fortune de la France s'abîma tout entière en moins de quinze jours, mais c'était sous l'invocation de l'égalité et de la fraternité. Quant à la liberté, elle n'existait que pour les fous, et les gens sages se seraient gardés d'en user. « Les gros ont terriblement peur, » disait ma portière ; mais les petits triomphaient et c'était leur règne. On ne parla jamais tant de l'organisation du travail, et jamais on ne travailla si peu. On se promenait tout le jour, on plantait des arbres de la liberté à tous les coins de rues, on illuminait bon gré mal gré, et l'on pérorait dans les clubs et sur les places jusqu'à minuit. La Bourse retentissait de désastres le matin, et elle était resplendissante de lampions et de feux d'artifice le soir. C'était l'anarchie la plus gaie pour le petit peuple de Paris, qui n'avait plus de police et qui la faisait lui-même. Les gamins couraient les rues avec des drapeaux ; les ouvriers sans ouvrage, et payés pourtant, faisaient une procession continuelle ; les catins avaient jeté leur bonnet, et sur les trottoirs on prenait sans se gêner la taille des plus honnêtes citoyennes : il faut ajouter qu'elles ne s'en fâchaient pas trop. Les grisettes, n'ayant plus de quoi manger, se donnaient pour rien ou presque rien, comme sous la Fronde :

O Dieu! le bon temps que c'était
A Paris durant la famine!...
La plus belle se contentait
D'un demi-boisseau de farine.

(Bachaumont.)

On chantait à tout bout de champ le *chœur des Girondins,* et l'on se repaissait de discours. Ceux de Lamartine faisaient merveille comme eussent fait ceux d'Ulysse, et il était la sirène du moment. On riait pourtant et l'esprit français se retrouvait : on disait que Louis Blanc faisait chou blanc. Il y avait de la bonne grâce populaire et de la gentillesse dans ces premiers jours de soleil du printemps le plus licencieux. Le mauvais goût s'y mêlait : le peuple de Paris en a quand il donne dans le sentimental. On avait de petits jardins grotesques qu'on arrosait soigneusement autour des arbres de la liberté. On mettait de ridicules inscriptions sur les bannières : j'en ai vu une, portée en pompe par les cureurs d'égouts, où on lisait en grosses lettres : *Les égoutiers de Paris.* Mais il ne s'agissait pas de rire trop haut, et encore moins d'écrire et d'imprimer que tout cela allait fort mal. Le *citoyen Girardin* a failli en pâtir. J'ai vu des ouvriers acheter à la fois plusieurs numéros de *La Presse* et les *déchirer à belles dents* pour les détruire. Je demandai pourquoi : « *Aussi,* me répondit-on, *il a l'air de mépriser le Gouvernement provisoire.* » Le petit peuple adorait son Gouvernement provisoire, comme jadis le bon roi

Louis XII, et plus d'une personne simple en parlait avec attendrissement : « Il faut avouer que nous sommes si bien gouvernés ! *ils parlent si bien!* » Tous les fous sortaient et se mettaient en avant, tous se portaient pour l'Assemblée nationale. En abordant les gens, il ne fallait pas demander : « Comment vous portez-vous? » Mais : « *Où* vous portez-vous? » Toutes les têtes étaient à l'envers, et dans ce moment de grandes phrases et de flagornerie populaire universelle, rien ne m'a jamais mieux montré l'éternelle enfance de cette sotte humanité, et que les Français, les Parisiens surtout, sont encore et toujours ce peuple fou et charmant, mobile, insouciant, amusé, peuple imprévu, dont chaque quiproquo fait le tour du monde; peuple d'enfants, de gamins et de badauds, tout comme du temps de Villon et de Rabelais; peuple léger, capricieux, orageux (*fretis acrior Adriæ*), qui *veut avoir la maîtrise en tout,* qu'un mot soulève ou apaise, qu'une parole dorée séduit, qu'enjole aujourd'hui Lamartine et qu'a si bien connu Voltaire (2 avril 1848).

Ces trois mois du Gouvernement provisoire ont été le règne de Lamartine.

—⁂—

Rien de plus prompt à baisser que la civilisation dans des crises comme celle-ci; on perd en trois semaines le résultat de plusieurs siècles. La civilisation, la *vie* est une chose apprise et inventée, qu'on le sache bien :

Inventas aut qui vitam excoluere per artes.
(*Énéide*, VI.)

Les hommes après quelques années de paix oublient trop cette vérité; ils arrivent à croire que la *culture* est chose innée, qu'elle est la même chose que la *nature*. La sauvagerie est toujours là à deux pas, et, dès qu'on lâche pied, elle recommence.

—⁂—

On causait hier (2 avril 1848) chez Thiers, comme dans le bon temps, de Cicéron, de César, de la République romaine. Cousin d'un côté pour César, Thiers et Mignet pour Cicéron. Thiers prétendait que Cicéron était l'homme sage, politique, le bon citoyen; Cousin disait que César avait vu que la République ne pouvait durer, qu'elle était morte, et que dès lors il n'avait pas hésité à prendre en main cette chose inévitable, l'Empire. Thiers lui opposait que César n'avait pas raisonné de la sorte, que c'était un grand coquin (le plus aimable des coquins), mais un coquin, le chef de la soldatesque, qu'il n'avait obéi qu'à son ambition; que Cicéron, au contraire, en s'interposant entre lui et Pompée, en tâchant de faire durer encore quelques années une République bien affaiblie il est vrai, bien corrompue, mais qui avait pour elle des siècles, avait été l'homme de sens et le politique patriote. On s'agitait, on s'animait de part et d'autre : Thiers se trouvait combattre le système de fatalité historique qui veut, après coup, que les choses accomplies n'aient pu se passer autrement. « Quand les choses sont irrévocables, il est tout simple, disait-il, de venir raisonner de la sorte avec Montesquieu, avec Machiavel ; mais le devoir de l'honnête homme vivant et du vrai politique est de lutter jusqu'au bout et d'essayer tout ce qui est possible. N'est-ce donc rien que de faire durer un régime défaillant quelque vingt années de plus ? Je vous assure que je me serais très-bien accommodé que le régime de la monarchie constitutionnelle durât quelque vingt ans encore[1]. » — Je me hasardai à dire : « Il y a une infinité de manières différentes dont une chose qui est en train de se faire peut tourner. Quand elle est faite, on n'en voit plus qu'une. Ce que nous avons vu en Février en est un grand exemple. La chose pouvait tourner de bien des manières différentes ; dans cinquante

1. Ce que M. Thiers n'a pu faire de nos jours sous la forme d'une monarchie, il l'a ressuscité sous la forme républicaine. J. T.

ans, on soutiendra que c'était une nécessite. Il y a bien des défilés possibles dans la marche des choses humaines. » Cousin dit : « En histoire, j'aime les grandes routes, je crois aux grandes routes. » — Je répliquai : « Ces grandes routes, c'est l'histoire le plus souvent qui les fait. » — « Oui, dit Thiers, on fait la grande route en élargissant le défilé où l'on a passé. » — « Et aux dépens des autres défilés où l'on aurait pu passer, ajoutai-je, lesquels disparaissent et sont comme non avenus pour l'histoire. »

Thiers convint ingénument que l'événement du 24 Février avait été pour lui la plus grande leçon d'histoire et avait modifié ses idées sur les lois absolues.

Différence des âges : en 1830–1832, je prenais ces émeutes, ces commotions sociales, très à la légère : j'étais amoureux, poëte, passionné avec colère en politique ; je sortais allègre à travers l'orage, et je chantais. — Aujourd'hui je prévois, j'embrasse l'avenir qui pourtant ne m'appartient plus. Je vais le front baissé, et j'ai le deuil dans le cœur.

J'ai le deuil de la civilisation que je sens périr. Oh ! comme on comprend mieux en ce moment que c'est une invention délicate et sublime !

Après cette révolution, chacun n'est occupé que du matériel, les uns de la peur de perdre, les autres du désir de posséder. Une aimable et belle étrangère qui est à Paris disait : « On n'aime plus. Que je serais donc heureuse d'être aimée comme les Français aiment leurs propriétés ! »

24 juin. Horrible journée. Lamartine et ses collègues abdiquent ; ils ont régné par l'anar-

chie; ils léguent la guerre civile à la dictature. Ce régime *Lamartine*, malgré quelques beaux jours, sera aussi méprisé dans l'histoire que le ministère *Laffitte*. Tout ce qu'a fait Lamartine depuis le lendemain de la journée du 16 avril est ce qui a amené ce que nous voyons.

—⁂—

On peut dire de la chute de cette Commission exécutive et en particulier de Lamartine: *Le pied leur a glissé dans le sang;* — c'est vrai à la lettre : dans des flots de sang.

—⁂—

Le samedi qui a précédé la fatale semaine, il y avait foule chez Lamartine, il avait l'air radieux. — De quoi donc M. de Lamartine pouvait-il être content? se demandaient le lendemain quelques personnes de ses amis. L'un d'eux regarda l'autre : « Moi, je le sais bien. »

— « Et moi aussi. *Il était content de lui.* » Voilà de ces mots que les amis seuls savent trouver.

—⁂—

Chacun a commis toutes ses fautes. Qui donc aujourd'hui a le droit de venir parler si haut de celles de l'ancien gouvernement? Lamartine, qui a poussé à le renverser, n'a-t-il pas les siennes plus graves et plus coupables? Il a laissé s'évanouir entre ses mains la plus magnifique situation, et dont il pouvait user pour le bien de tous.

—⁂—

Oui, j'ai connu Leroux, homme distingué; mais depuis il s'est fort gâté. Je l'ai perdu de vue, ou plutôt nous avons rompu. Il est devenu dieu, et je suis devenu bibliothécaire. Nous avons pris des carrières différentes.

—⁂—

Thiers juge trop sévèrement les hommes, ou du moins trop exclusivement : il est trop prompt à les déclarer *bêtes*. Sans doute bien des gens, même d'esprit, sont bêtes en politique. A moins d'avoir un esprit très-ferme, très-étendu et très-varié, il y a bien des points où l'on est en défaut. L'homme d'esprit doit savoir ses limites et éviter d'en sortir, pour ne pas être surpris en train de *bêtise*. Le vrai reproche à faire à la plupart des gens, c'est de ne pas savoir à quoi ils sont propres, et de ne pas s'y tenir.

Que pensez-vous de *Jérôme Paturot?* — Pas grand'chose. C'est gai, spirituel et assez bien observé ; mais c'est bourgeois et sans aucune distinction. J'en lirai volontiers, un jour de pluie, dans le bureau du coin, en attendant l'omnibus, quelques chapitres au pouce ; mais je n'aurai jamais l'idée d'en faire mon livre de chevet.

Liége. Année 1848, année folle et fatale. Puisque le monde est en démence, j'ai saisi ce moment aussi de faire mes folies ; — et mes folies à moi, ç'a été de venir ici (Liége) vivre toute une année avec les illustres et aimables morts, Villehardouin, Joinville, Froissart, Commynes, Montaigne, tous en foule et à la fois jusqu'à Buffon et Chateaubriand ; de les accueillir en moi, de les entendre, de les interpréter, de me mêler plus intimement que jamais à eux, et d'oublier, s'il se peut, dans leur commerce, les sottises et les misères du présent.

Toutes mes idées politiques ont changé, du jour où j'ai été convaincu de ce résultat d'observation morale :

« Les hommes sont une assez méchante et plate espèce ; il n'y a de bons que quelques-uns, et ceux-là il faut sans cesse les extraire et les entretenir par des soins continus, sans quoi ils se détériorent. »

—⁂—

Mme... ressemble à une de ces journées qui ne sont pas rares à Paris, où il y a un soleil brillant, mais où l'on sent de l'aigreur dans l'air.

—⁂—

Les fanatiques, les dévots ont une singulière manière de lire et d'écouter : ils *découpent* dans les choses tout ce qui leur convient et qui va à leurs vues. Ils se le mettent devant les yeux en se disant : *tout le monde pense comme moi;* puis ils s'endorment sur les deux oreilles.

—⁂—

Il y a des langues et des littératures ouvertes de toutes parts et non circonscrites auxquelles je ne me figure pas qu'on puisse appliquer le mot de *classique :* je ne me figure pas qu'on dise les *classiques allemands.*

—⋙⋘—

Engendrée un matin à bord d'un vaisseau qu'elle n'a pas vu partir et qu'elle ne verra pas arriver, passagère agitée sur cette terre qu'elle ne dirige pas, l'humanité n'a pas de loi qui la lie nécessairement au grand système extérieur. Qu'elle se remue à fond de cale ou sur le pont, qu'elle se précipite à la poupe ou à la proue, cela ne change rien à la marche immuable : elle est, en un mot, comme une quantité négligeable par rapport à l'ordre souverain du reste de l'univers.

Raison de plus pour elle de mettre elle-même quelque ordre dans son petit monde, et de tâcher que la suite des générations qui la composent y passe les jours les moins troublés, les moins ouvertement à la merci de la fatalité et du hasard.

—⋙⋘—

Jeune, on se passe très-aisément d'esprit dans la beauté qu'on aime, et de bon sens dans les talents qu'on admire. J'ai éprouvé cela.

—✠—

« La Révolution de 1789, telle qu'elle s'est faite, n'a été qu'une sanglante inutilité. Tous les bienfaits qu'on lui attribue, ses conséquences durables que *nul ne songe à contester*, les droits et les garanties qui nous sont devenus comme une seconde vie, tout cela eût été obtenu graduellement, complétement, sans aucune des violences révolutionnaires... » Erreur profonde de Montalembert et dont il a fait le pivot de son discours de réception à l'Académie (5 février 1852).

—✠—

J'ai passé par bien des journaux et je les connais, je sais l'esprit de cette espèce d'invention et d'organe moderne. Je vois des gens qui se vantent et s'honorent d'être *journalistes;* il n'y a pas plus à s'en vanter qu'à en rougir. J'aimerais autant qu'on se vantât d'aller souvent en chemin de fer : il y a du pour, il y a du contre, et c'est selon le but qu'on a, et le genre d'affaire et d'intérêt qui vous y conduit. D'ailleurs de nos jours, quand on écrit, on passe par les journaux, c'est à peu près devenu inévitable.

Le journal est une industrie. Si l'on y arrive avec trop de zèle, avec un désir de trop bien faire, de faire mieux que les autres n'avaient fait jusque-là et si l'on ne sert pas directement l'intérêt, la passion ou la vanité du chef, on s'aperçoit vite qu'on a tort ; et puis l'on a contre soi la conspiration sourde de ceux qu'on gêne dans leur routine, dans leur train de tous les jours, et qu'on va forcer par son exemple à se soigner davantage, à mieux faire, eux aussi. On a beau être en état d'aider leur journal et d'ajouter à sa publicité ou à son éclat : ils vous aiment mieux loin que près ; s'ils vous supportent, c'est beaucoup. Ils se sentent comme piqués. Il n'y a rien de plus ordinaire chez les hommes établis que la haine du bien, la haine du mieux. J'ai éprouvé cela de la part de gens, d'ailleurs regrettables, que j'ai vus depuis célébrer comme de grands patrons et des amateurs de l'esprit : ils avaient plaisir à vous retarder, à vous décourager, à ne vous ouvrir qu'un jour insuffisant. L'intérêt politique ou l'intérêt commercial une fois hors de cause, on n'avait qu'à les laisser à leur penchant naturel, ils aimaient mieux qu'une bonne chose, une chose littéraire désintéressée, ne se fît pas. Aussi dans les rares exceptions que j'ai rencontrées à cette maligne disposition humaine, chez les directeurs des journaux où j'ai passé, j'en ai été reconnaissant.

Si j'ai à faire de nouveau quelque article critique sur Cousin ou Villemain, commencer ainsi :

« Il est un point dont il faut avant tout bien convenir, quand on a à parler de MM. Cousin et Villemain, comme lorsqu'on parle de M. de Lamartine : c'est le talent, l'immense talent dont ils sont doués, à tel point que deux d'entre ces trois peuvent sembler approcher du génie (à prendre le mot dans le sens moderne) et qu'ils le manquent de peu. Il doit donc être bien établi et entendu que toutes les critiques qu'on fera à leur sujet ne porteront point atteinte à ce grand fonds de talent antérieurement reconnu et seront en quelque sorte en deçà : *reprehensio intra laudem sit!* Cela dit, commençons et disons une fois de plus notre pensée, en ne craignant pas de la développer en toute franchise, etc., etc. »

Si je suis amené un jour, ce que je prévois,

à me défendre au sujet de Cousin, commencer par cette phrase de Duclos (*Considérations sur les mœurs,* dernier chapitre) :

« Une défense ferme et décente contre un reproche injuste d'ingratitude est un devoir aussi sacré que la reconnaissance pour un bienfait. »

Une des maladies du siècle et qui date déjà d'assez loin est en tout de s'anoblir le plus qu'on peut, et de se faire passer pour ce qu'on n'est pas. Molière s'en est depuis longtemps moqué, et La Fontaine aussi ; ceux qui, de nos jours, s'occupent de biographie, ont pu vérifier la remarque à tout instant. *Sylvain,* qui est *Sylvain* tout court, se fait appeler M. *de Sylvain,* et il trouvera au besoin des actes pour justifier de son *de* qui est tout nouveau. Tel qui était simplement gentilhomme et désigné dans les actes le C^r^ (chevalier) de... s'improvise le Cte (comte) de... C'est une manière de lire comme une autre. Vous êtes fils d'un honnête médecin qui s'appelle *Girard;* mais ce *Girard* est un nom bien commun; prenez vite un nom de terre ou de pré : cela, si vous êtes poëte, vous rapprochera d'ailleurs de Despréaux. Il en va ainsi du petit au grand et du grand au plus petit. Le grand-père de cet artiste de l'Opéra[1] était un simple *facturier* de Montpellier, c'est-à-dire un ouvrier employé à fabriquer de la laine. Le biographe du grand chanteur, exact et scrupuleux d'ailleurs sur tous les autres points, ne manque pas de le faire petit-fils d'un *négociant.* Le plaisant est qu'on n'en demeure pas moins démocrate, libéral et populaire, et qu'on se prévaut hautement de ses sentiments d'égalité. Un biographe du général républicain Hoche, écrivant sous l'œil de la famille, et avec des documents, n'a jamais osé dire qu'il avait servi d'abord dans les écuries. Le poëte républicain Lemercier vint faire, un jour, visite, rue de l'Ancienne-

1. Adolphe Nourrit.

Comédie, au restaurateur Pinson, successeur d'Edon et qui avait ce nom sur son enseigne. Il lui exposa que son épouse, Mme Lemercier, *Edon* de son nom, et nièce dudit prédécesseur, ne pouvait passer dans cette rue sans que ce nom en vue lui fît mal au cœur : il le sommait d'avoir à le supprimer. Mais le bon M. Pinson, qui était un peu de la race des bourgeois de Molière, répondit que c'était son titre de noblesse, à lui, d'être le successeur d'Edon, et qu'il garderait *mordicus* son affiche et son enseigne.

Il en est de l'humanité en masse comme de bien des hommes en particulier : elle voudrait bien se faire passer pour ce qu'elle n'est pas.

M. Villemain a l'épithète heureuse; l'autre jour, à l'Académie, dans un rapport verbal à propos du livre des *Antonins* de M. de Champagny, il a parlé de la *décadence interminable* du paganisme. C'est comme quand il a qualifié l'*inflexible douceur* de Pie VII. Épithètes et alliances de mots, c'est son fort, c'est son art.

—⁂—

Dans sa dernière maladie, qu'il ne croyait pas mortelle, prenant les peaux de son cou amaigri, Talma disait : « Voilà ce qui ne fera pas mal pour le visage du vieux Tibère. »

—⁂—

Ce que c'est que de manquer de littérature, même lorsqu'on est un homme d'un grand talent! Dans son discours du 15 septembre (1867), à Nantes, M. Rouher célébrant M. Billault termine en disant que l'histoire lui assignera sa place « au premier rang de cette *Pléiade* de grands hommes qui, depuis 1789, ont illustré nos Assemblées parlementaires. » Or la *Pléiade* n'est composée que de *sept* étoiles, de *sept* noms : et depuis 1789, si l'on choisit *sept* grands orateurs seulement, M. Billault ne sera ni au premier rang ni même l'un des sept. Mais M. Rouher n'a jamais su, littérairement pas plus qu'astronomiquement, ce que c'est qu'une *Pléiade* : de là sa faute, plus en vue encore au terme et au sommet d'une péroraison. Il a cru évidemment que *Pléiade* signifie simplement une grande quantité, et c'est ainsi que se trahit le manque de littérature fine et première. O Cicéron, que tu as eu raison de tant exiger pour ton orateur !

Euryale n'est pas un méchant homme, mais il est faible sous son air de roideur. Et de plus il est essentiellement maladroit. Il est rare que son premier mouvement ne soit pas une gaucherie et une balourdise. Mais il emploie ensuite tout son esprit, son ingéniosité, sa subtilité de sophisme, à raccommoder, s'il se peut, sa maladresse et à se tirer du pétrin où il s'est mis. Il ne parvient jamais à s'en dépêtrer qu'à moitié.

La fille de M. Royer-Collard (Mme Andral) disait de son père : « Sa raison a des gaietés contre lesquelles il ne se tient pas assez en garde. » Et en effet à ces heures de soi-disant gaietés et quand il était en belle humeur, il n'épargnait personne, il était impitoyable.

8 décembre 1867. — Eh bien ! voilà le gouvernement parlementaire en pleine fonction. Vous êtes contents, Messieurs. Ce que j'admire une fois de plus, c'est comme notre nation est une nation de montre, de spectacle, d'émotion dramatique. Ils sont tous, même les chroni-

queurs libéraux et les correspondants du *Journal de Genève,* à s'émerveiller sur l'effet et les péripéties de cette séance du 5, où l'on a vu M. Rouher s'engageant graduellement jusqu'à dépasser le but, traîné à la remorque par deux acolytes imprévus, M. Thiers et M. Berryer, et en venant à laisser échapper du haut de la tribune ce fameux mot *Jamais!* qui a toujours porté malheur à ceux qui l'ont proféré. Ces messieurs, spectateurs privilégiés de la séance, sont tout heureux de vous faire assister à ce bête de triomphe de M. Chesnelong : ils oublient le fond et le fait, qui est ce misérable pouvoir temporel, une dernière honte de la civilisation, et ils ne voient qu'une des scènes accidentées de l'éloquence parlementaire, objet littéraire de leur culte. Ils oublient de flétrir en M. Thiers cette dernière palinodie qui le range, lui, l'enfant de la Révolution, parmi les conservateurs à la suite de feu Metternich. Ils oublient tout. Et c'est ainsi que notre nation recommence indéfiniment le même jeu, sans que l'expérience y serve. *Rem militarem et argute loqui :* les fusils chassepots et les pantalonnades de M. Thiers.

—⁂—

Il faut écrire le plus possible comme on parle, et ne pas trop parler comme on écrit.

—⁂—

Extrait d'une lettre à Mme Hortense Allart, sur Guizot : « (Ce 20 octobre 1868.) Que vous dirai-je pour renouer l'entretien? Tous ces livres de Guizot et ces articles par lesquels il cherche à prolonger son importance ne sont pas grand'chose au fond ; sous une forme assez ferme et parfois heureuse, ce sont des idées superficielles, et il n'y a véritablement réponse à rien. Il a beau faire, je ne puis me raccommoder avec cette façon hautaine et personnelle, et je ne comprends pas qu'un homme qui a présidé à un tel naufrage et qui y a aidé de toutes ses forces s'obstine à venir donner des leçons de bonne navigation. »

—⁂—

O France, patrie des idoles, qui les détruis et qui les refais sans cesse, qu'une seule qualité, si elle t'agrée, éblouit et fascine au point d'entraîner à tes yeux toutes les autres! peuple qui oublies si bien ce qu'il te plaît d'oublier et qui ne vois en chacun qu'une chose, celle que tu aimes à l'heure même et sur le moment, peuple indifféremment idolâtre d'un Bossuet, d'un Musset, d'un Berryer, je te salue, je m'incline en public, je me tais; mais, rentré chez moi, je me donne la satisfaction de réfléchir et d'analyser, de contrôler tes arrêts et de méditer sur la vanité de la célébrité et de la gloire. Oh! qu'il serait bon cependant d'y introduire une part de modération, un coin de bon sens et de vérité!

—⁂—

En France, il est honorable d'être mauvais sujet.

En France, il est méritoire d'avoir fait appel toute sa vie à la guerre civile.

En France, il est indifférent d'être ignorant et voué aux lieux communs pourvu qu'on soit éloquent.

Allons, plumes légères et bien taillées, plumes françaises et rhétoriciennes, pendant que vous y êtes, ne marchandez pas, ne lésinez pas sur l'éloge, dites de chaque nom en vogue tout ce qui est, plus qu'il n'y est, et aussi le contraire ; insistez surtout sur ce contraire pour le célébrer et le mettre en relief; cela fait bien, il n'y a rien de tel que ces sortes de gageures, et c'est même le piquant de l'éloge; louez donc, vantez, exaltez en chœur la sobriété de Musset, l'intégrité de X... ; la charité de Montalembert, la générosité de Villemain, la sévérité de Guizot, la modestie de Thiers, l'atticisme de Mignet, la spontanéité de Michelet, le caractère de Y..., le sérieux de Saint-Marc, le tact de Z..., etc. Allez! allez! ne vous y épargnez pas; ce qui me plaît avant tout dans les jugements, c'est qu'on y fasse preuve de justesse :

A mon gré le Corneille est joli quelquefois!

... Il avait de la distinction; mais, comme les esprits distingués qui sentent qu'ils n'ont pas beaucoup d'étoffe, il s'était fait de bonne heure très-étroit[1].

Dans le journal *le Temps* du 12 janvier 1869, Michelet a célébré Paul Huet mort, dans ce

1. Note copiée textuellement sur l'un des cahiers de Sainte-Beuve. C'est un trait anonyme, saisi par lui au passage, et qui a paru assez curieux pour être conservé, bien qu'on ne puisse dire avec précision à qui Sainte-Beuve pensait en l'écrivant. J. T.

style ému et convulsif dont il a le secret et aussi le tic.

—※—

La Fayette avait le front remarquablement fuyant; il avait un front d'émigré.

—※—

Sur la tristesse de vieillir. — La belle comtesse M..., l'idole du monde et si gâtée par ses amis, ne pouvait consentir à cette décadence de l'âge. Les affections qui l'entouraient essayaient en vain de la lui cacher; elle avait encore un amant aimable et jeune, le prince P... Rien n'y faisait. Un jour, en été, se trouvant de passage à Paris, elle avait réuni à dîner quelques amis, dont étaient le prince B..., d'Alton-Shée, etc.; elle alla se promener avec eux en calèche au tomber du jour. Il y avait des instants de silence. A un moment, le prince B... avertit du genou d'Alton : Mme M..., saisie d'une pensée subite, venait brusquement d'éclater en larmes et en sanglots.

—⋙⋘—

Tout grand talent, tout personnage en vue, en même temps qu'il a ses admirateurs et ses enthousiastes, a ses ennemis naturels, ses adversaires ou ses antipathiques, qui saisissent le point faible et piquent le défaut. Mme Récamier, avec ce don merveilleux de plaire, n'échappait point à cette loi. La spirituelle Mme Hamelin, femme pleine de montant et de verve, par moments éloquente, et qu'on appelait la *jolie laide,* une rivale à sa manière, avait de piquantes railleries sur ce charme universel et cette faculté d'enchantement qu'on accordait à Mme Récamier; elle avait une histoire, à mourir de rire dans sa bouche, d'un serin privé, l'un des heureux captifs de Mme Récamier, qui s'était envolé un jour et qui revenait par ennui frapper du bec au marteau ou à la vitre pour redemander sentimentalement son servage. Cela ne s'écrit pas, il fallait l'entendre. C'était la parodie des adorations excitées par Mme Récamier.

—⁂—

Admirable vers du poëte Keats, et que mon ami L... ne se lasse pas de se répéter tout en marchant :

A thing of beauty is a joy for ever.

—⁂—

A propos de l'abus de l'érudition et de la masse de documents dont on surcharge maintenant les biographies et dont l'auteur ne sait pas faire grâce au lecteur, M. Charles Clément a très-bien dit : « La peine et l'ennui nous regardent : on ne fait pas passer par la cuisine les gens qu'on invite à dîner. » (Article des *Débats* sur Pierre Puget, 21 février 1869.)

—⁂—

Vigny avait l'imagination noble et haute, et l'exécution précieuse.

Telle est ma théorie sur son talent. Je la crois vraie : il a dit que non. Qui de nous deux a raison ?

—❧—

Musset. — Son principal mérite est d'avoir réintroduit dans la poésie française l'esprit que semblaient en avoir banni l'imagination et le lyrisme.

—❧—

Lamartine était secrétaire d'ambassade à Florence et faisait l'intérim pendant l'absence du ministre de France, M. de la Maison-Fort. Un riche Anglais de passage, M. Bunbury, lui fut présenté et fut invité par lui à dîner à l'ambassade. Pendant le dîner, l'Anglais dit à M. de Lamartine qu'il avait une fille mariée à l'un des premiers poëtes de France. Sur la demande du nom, il hésita et ne sut pas le dire. Lamartine énuméra alors les noms des poëtes en renom qui lui vinrent, et à chacun l'Anglais disait : « *Ce n'est pas ça.* » Mais Lamartine ayant nommé à la fin le comte Alfred de Vigny, l'original répondit : « Oh ! oui, *je crois que c'est ça.* »

Guizot, dans son ambition dernière et sa soif insatiable d'influence, ne sachant plus où se prendre, vise à dominer — ou à paraître dominer — l'Académie (car l'apparence en tout est ce dont il se paye le mieux). Et pour cela il n'y a intrigue qu'il ne fasse. Thiers, l'autre jour, caractérisant cette dernière forme d'agitation sénile, disait : « Cet homme veut battre monnaie avec l'Académie. »

M. Guizot ne connaissait pas même de nom

Auguste Barbier, quand il fut question pour la première fois de lui comme candidat à l'Académie; il fallut lui expliquer qui c'était, et le lui épeler de point en point. Huit jours après, la personne qui avait pris ce soin rencontrait M. Guizot debout, prêchant et édifiant quelqu'un sur le compte du poëte Barbier, s'étonnant que son interlocuteur ne parût point le connaître et lui faisant la leçon du ton d'un homme qui n'a jamais su de toute sa vie que les *Iambes* et le *Pianto*. Ce qu'il faisait là ce jour-là, en combien d'autres occasions et sur combien d'autres sujets ne l'a-t-il pas fait! O légèreté, suffisance et faux semblant! C'est là tout l'homme. — Ceci me rappelle un mot de Mme de Broglie sur Guizot : « Ce qu'il sait de ce matin, il a l'air de le savoir de toute éternité. »

La *Gazette de France* est née du sein du sophisme; elle en a gardé quelque chose. Ce n'est pas la marque d'un bon et brave esprit d'y écrire (Pontmartin, Boissieu).

—※—

Le duc de Buckingham a fait sur lord Fairfax des vers qui s'appliquent bien à Washington : « Il aurait pu être roi s'il n'avait compris combien c'était chose plus aisée *d'être injustement grand que d'être honorablement bon.* » (Cité par lord Holland, *Souvenirs diplomatiques.*)

—※—

Les Français aiment à apprendre ce qu'ils savent. Quant à ce qu'ils ignorent, c'est différent. Que de peine pour leur insinuer une idée neuve, pour leur faire accepter un nom nouveau, surtout étranger! à combien de quolibets on s'expose!

—※—

... Groupe charmant, groupe regretté; il n'y a de force et de charme en littérature que par là. Il y avait alors des groupes : celui d'Auteuil; celui de Ducis, Andrieux, Collin, Picard, Campenon; — celui de Chateaubriand, Fontanes, Joubert, était assurément le plus jeune d'avenir et le plus distingué; aujourd'hui il n'y en a plus : — des individus rapaces, séchés par l'ambition, qui veulent des instruments, des agents...

—⁂—

« Je n'aime pas beaucoup les femmes ni le jeu, disait un jour Napoléon parlant à M. Galloix, — enfin rien : je suis tout à fait un être politique. »

« Aussi ne suis-je pas tout à fait étranger à des idées religieuses, » dit-il un jour au général Sebastiani et au comte de Flahaut, après leur avoir donné des raisons pour ne pas se tuer. — C'est dans cette mesure que Napoléon était religieux, pas plus. On a exagéré cela dans le récit de ses derniers moments.

—❦—

Nos auteurs dramatiques et nos romanciers sont uniques. Ils vivent la plupart comme de gais et spirituels chenapans, avec des filles, avec des cocottes, avec des femmes mariées ; ils ne se gênent en rien et s'en donnent à *tire larigo*. Mais dès qu'il s'agit, dans leurs inventions littéraires, d'un adultère, cela devient une affaire de tous les diables et comme si le cas était pendable au premier chef. Ils oublient qu'il n'y a rien de plus commun en fait, et rien qui, dans le train ordinaire de la vie, tire moins à conséquence. Je comprends à ce sujet l'indignation de ce brave Sarcey, qui, à voir tant de bruit et souvent tant de sang répandu sur le théâtre pour une simple *omelette au lard,* s'écrie :

« Je ne puis plus parler de cette question avec sang-froid. Le théâtre nous en a tellement excédés que je suis enfin sorti des gonds ! C'est ennuyeux, à la fin, de voir sur le théâtre tant d'amants, de maris, de fils empoisonnés, assassinés ou mourant de douleur, quand les suites de ce petit accident sont si rares dans le monde !

« Ah ! Sganarelle, aimable Sganarelle ! ingénieux Sganarelle ! Sganarelle des anciens temps ! où es-tu, toi qui avais tant de bon sens, de gaieté et de philosophie ? Il me semble t'entendre :

Si ma femme a failli, qu'elle pleure bien fort.
Mais pourquoi, moi, pleurer, puisque je n'ai point tort ?
Quand j'aurai fait le brave, et qu'un fer, pour ma peine,
M'aura d'un vilain coup transpercé la bedaine,
Que par la ville ira le bruit de mon trépas,
Dites-moi, mon honneur, en serez-vous plus gras ?
La bière est un séjour par trop mélancolique
Et trop malsain pour ceux qui craignent la colique.
Et quant à moi, je trouve, ayant tout compassé,
Qu'il vaut mieux être encor cocu que trépassé.
Quel mal cela fait-il ?...

Rien ne juge mieux les générations littéraires qui nous ont succédé que l'admiration enthousiaste et comme frénétique dont tous les jeunes ont été saisis, les gloutons pour Balzac et les délicats pour Musset.

—⁂—

Il y a des choses une fois dites et bien dites qui ne se rediront plus, du moins comme cela : il faut les noter.

—⁂—

John Lemoinne a le bon sens piquant et acéré, même légèrement impertinent. Saint-Marc aussi a le bon sens impertinent, mais comme une marquise a le nez retroussé. Chez John Lemoinne, c'est plus bref et plus incisif; c'est tout nerf et tout acier.

—⁂—

Montalembert. — Puisqu'il parle tant de liberté, que ne faisait-il usage une bonne fois de sa liberté de jugement pour se débarrasser de toutes ces crédulités et contradictions absurdes dont il formait son catholicisme idéal et impossible, et qui ont mis toute sa vie à la gêne?

—※—

Un soir on avait parlé, chez l'ancien chancelier Pasquier, de Marie-Antoinette ; la question de ses amants avait été mise sur le tapis. M. Pasquier, âgé de quatre-vingt-dix ans, était parti, à ce propos, vif, brillant, comme un jeune ancien royaliste, comme un chevalier de la reine en 89. Après le dîner et dans la même soirée, M. Giraud, de l'Institut, alla faire visite à Mme de Boigne, qu'il trouva seule, et se fit un plaisir de lui raconter la belle vivacité du chancelier et sa défense de l'immaculée Marie-Antoinette. Là-dessus Mme de Boigne, née au sein de l'ancienne cour, élevée sur les genoux de Mesdames, filles de Louis XV et au fait par la tradition directe de tout cet intérieur de Versailles et de Trianon, n'y put tenir, et dans un beau mouvement d'impatience, reprenant le ton d'une grande dame vis-à-vis de l'ancien robin qui parlait de ces choses avec tant d'assurance, elle s'écria d'un accent que rien ne saurait rendre : « Et qu'en sait-il, Pasquier? »

—⸙—

Nous avons le malheur d'être tombé dans la disgrâce de cette famille napoléonienne, patriarcale et chrétienne des Cassagnac, si chérie, comme on sait, de S. M. l'impératrice.

—⸙—

J'admets d'avance que l'abbé Dubois vaut mieux que sa réputation; mais il suffit qu'un homme d'État ait une si mauvaise réputation pour annuler ou paralyser en grande partie le bien même qu'il peut faire. En politique on n'est pas ce qu'on est; on est ce qu'on paraît être. La déconsidération, une fois acquise, ne se perd plus.

—∞—

Les bonnes intentions, les bienfaits même, ne sont jamais comptés aux souverains s'ils n'y joignent la force et l'autorité.

—∞—

J'ai eu affaire dans ma vie à bien des familles pour des notices biographiques. Les familles en général (sauf quelques exceptions bien rares) sont *l'ennemi* de la littérature. Le public qui nous lit croit tout naturellement que ce que nous écrivons d'agréable pour elles doit plaire aux familles et est même quelquefois arrangé exprès en vue de les flatter. Eh bien! non. La plupart du temps, elles sont mécontentes; elles nous feraient un procès si elles l'osaient. Elles ne seraient satisfaites que si nous parlions d'elles en des termes qu'elles-mêmes dicteraient.

—⁂—

Pauvre Vérité, vérité vraie, vérité nue, que de peine on a à te faire sortir de ton puits, et quand on est parvenu à t'en tirer à demi et à mi-corps, que de gens accourus de toutes parts, qui ont hâte de t'y renfoncer!

—⁂—

J'aime la province quand elle est elle-même, quand elle ne singe ni ne fronde Paris.

—⁂—

La Chanson depuis Béranger. — Elle n'est pas morte : Henrion *(les Fleurs fanées)*, Festeau, Bérat, Nadaud, Pierre Dupont, Gustave Mathieu, Fernand Desnoyers, Dupré (l'anatomiste), Colmance (l'auteur de *Ohé! les petits agneaux* et des *Bottes à Bastien)*, Darcier, Alexandre Dumas *(En me promenant un soir au rivage)*, etc. — Un jour que je serai de bonne humeur, je ferai un article sur la Chanson.

—⸙—

Champfleury ne croit pas que ce soit une supériorité en littérature que d'être cruel, inhumain et dépravé.

—⸙—

Avoir le *Saint-Louis* de Joinville,—le *Saint-Louis* de Tillemont, — le *Saint-Louis* de M. de Wailly, — le *Saint-Louis* de M. Zeller, — le *petit Saint-Louis* de M. de Chennevières.

—⸙—

Affaire Clémenceau. — Ce roman a le don

d'irriter tous ceux qui cherchent avant tout dans le roman l'embellissement ou l'oubli de la vie.

—⁂—

A propos du nom de *Guemené* que les correcteurs d'imprimerie veulent absolument écrire *Guéméné*. — Les modernes ont la très-mauvaise habitude de tout accentuer à l'excès : il semble que la prononciation ne puisse faire un pas sans un accent qui la guide. Cela est surtout vrai des noms propres : *Perier, Seguier, Guenegaud,* etc. Quant à *Guemené*, on n'a qu'à ouvrir le *Moreri* à l'article *Rohan,* et on verra que l'introduction des accents est tout à fait moderne. J'ajouterai que ces accents dénaturent la prononciation du nom qui, dans l'ancien monde, était beaucoup plus légère.

—⁂—

Je pourrais (si c'était convenable) citer un écrivain moderne, un académicien, qui a l'une des qualités, la *pureté,* et qui manque absolument de l'autre, la *netteté :* il a la pureté, au moins en bonne partie; car il n'emploie jamais que les mots anciens et reçus dans leur acception la plus usitée, la plus naturelle; il n'a nullement la netteté, car telle de ses phrases est mémorable par l'enchevêtrement, par la lenteur, la longueur, le traînant : il y a de lui une phrase connue à l'École normale sous ce titre : « La phrase qui a besoin de poteaux. »

Beyle a eu trois disciples : Duvergier de Hauranne, Jacquemont et Mérimée.

La politique a affranchi Duvergier de Hauranne; son voyage dans l'Inde a émancipé Jacquemont. Mérimée seul est resté plus disciple de Beyle et plus marqué à son coin qu'il ne le croit. Ne craignant rien tant que de paraître sensible, de paraître et d'être éloquent, ayant peur du ridicule, se garant du trop de talent et de l'apparence de la déclamation jusqu'à ne pas fuir la sécheresse.

Miss Clarke (Mme Mohl) disait de Beyle et de sa manière saccadée et presque rogue de causer et de lancer ses traits : « Il a de l'esprit par chiquenaudes. »

Le critique n'a pas le don de deviner le talent caché qui n'a pas encore jailli. Il n'est pas comme l'abbé Paramel qui, une branche de coudrier à la main, découvre les sources cachées.

Début d'article. (Un jour que je reviendrai sur un même sujet pour la seconde ou la troisième fois.)— Le général Moreau était un grand général : à quel degré juste et à quel rang, ce n'est pas à nous qu'il appartient de le dire; mais il avait sa méthode, et cette méthode était prudente, fragmentaire, si je puis dire. Il ne faisait rien du premier coup; il s'y prenait successivement et au fur et à mesure. Quand il eut à passer le Rhin en 1800[1], le premier Consul aurait voulu qu'il le passât sur un seul point. Le chef d'état-major de Moreau, Dessolles, vint à Paris en conférer avec le premier Consul, et après discussion il dit : « Laissez-le faire à sa manière; s'il passe sur trois ou quatre points à la fois, qu'importe pourvu qu'il passe?... »

Nous sommes bien peu de chose auprès d'un général qui a gagné la bataille de Hohenlinden; mais enfin nous avons aussi notre méthode et elle n'est ni la plus prompte ni d'emblée la plus grande. Nous ne faisons rien du premier coup; notre pont n'est pas hardiment jeté d'une

1. A vérifier dans Thiers ou dans Jomini (S.-B.).

seule arche. Pour comprendre un homme et pour le peindre, j'ai besoin de m'y reprendre jusqu'à deux et trois fois. Qu'importe, me permettrai-je de dire aussi, pourvu que j'arrive au but qui est ici la vérité?

—∞—

« Ce n'est qu'en laissant s'écouler un long espace de temps que l'on arrive à connaître à fond la personne qu'on étudie. » C'est ce que dit le poëte persan Sé'édi (vulgairement Sadi) dans le *Boustan,* poëme traduit par M. J.-B. Nicolas, 1869, p. 31.

—∞—

A propos des éternels parallèles de Racine et de Corneille, rappeler le mot de Gœthe sur les parallèles non moins éternels qu'on établissait entre lui et Schiller : « Qu'avez-vous à vous disputer, disait-il, pour savoir qui est plus grand de moi ou de Schiller? Soyez donc contents d'avoir deux gaillards *(kerle)* comme nous. »

—

Mot charmant de Mme d'Arbouville dans une lettre (1848) :

« Eh bien, oui, votre ami l'abbé n'a pas répondu à mon rêve... nous en causerons, je ne me décourage pas. *Qu'il y a de choses bonnes à côté de celles que nous aimons! il faut faire place en nous pour un certain contraire.* »

Quand je lus pour la première fois cette parole, je me dis : « Ce devrait être là la devise du critique étendu et intelligent. »

—

Parlant de Quinet devant M. Ingres et cherchant à le définir, je dis (après plusieurs traits) :

« ... Enfin *un homme qui n'a jamais dessiné qu'avec de la fumée.* »

—※—

Je ne puis expliquer la colère et le déchaînement de quelques journalistes contre moi que par cette pensée de Vauvenargues : « Quand on sent qu'on n'a pas de quoi se faire estimer de quelqu'un, on est bien près de le haïr. » — Mais je n'ai jamais dit du mal d'eux ; je ne les ai même jamais nommés en écrivant. — Et c'est pour cela précisément qu'ils me haïssent.

—※—

Dans un article de *l'Union* (1er juin 1855), M. Nettement, me prenant au sujet de mes *Causeries*, me juge ainsi : « Ce n'est pas seulement un esprit sceptique, c'est quelque chose de plus : c'est un cœur sceptique. Point d'enthousiasme, point d'amitié. Il fait vanité de n'aimer qui que ce soit, quoi que ce soit au monde, etc. ... » Je demande en quoi une pareille appréciation, de la part de quelqu'un qui ne me connaît ni de près ni de loin, que je n'ai jamais rencontré ni vu, et qui conclut uniquement d'après l'ensemble de mes écrits, est sensée, équitable et même n'approche pas de la calomnie.

Mais ils ont beau faire et beau dire, ils n'en diront jamais pis sur mon compte qu'on n'en a dit à Cambridge dans un discours public prononcé *ex cathedra*, en 1844, contre notre maître en art et en critique, Gœthe. S'emparant contre lui de son étendue et de son impartialité même, on l'a appelé *égoïste*, *faux*, *méchant*, *traître*, un homme « qui se jouait avec sang-froid de la paix et de la vertu d'autrui, et qui jouissait du haut de sa sérénité de voir les ruines qu'il avait portées dans les cœurs assez simples pour se confier au sien ». Les pharisiens de tout temps, les hommes de secte et de parti sont les mêmes, qu'ils soient de Cambridge, de la Sorbonne ou d'un salon à la mode voisin de la sacristie. Ces injures dites aux plus grands dans notre ordre et aux meilleurs nous font rentrer en nous et consolent.

QUELQUES PAGES
DE
LITTÉRATURE ANTIQUE[1]

ME faire une petite bibliothèque homérique : — les *Commentaires* d'Eustathe (complets); — la *Scholie* de Villoison (la bonne édition, pas celle de Venise); — Didyme (il y a une belle et *nitida* édition d'Homère avec les *Scholies* de Didyme);

1. Les notes suivantes sont extraites d'un cahier consacré uniquement à l'étude du grec. Sainte-Beuve y consignait le fruit de ses lectures ou de ses conversations avec de savants hellénistes. On sait qu'il étudia le grec jusqu'à la fin de sa vie. De temps en temps (nous l'avons dit ailleurs), M. Pantasidès, son professeur et son

— Butmann et les *Scholies* sur l'*Odyssée* qu'il a publiées ; — Apollonius le sophiste, son vocabulaire homérique.

Voir pour la critique des beautés homériques les articles de Wilson dans le *Blackwood Magazine.*

—⁂—

Pindare. — ... Φαντὶ δ' ἔμμεν τοῦτ' ἀνιαρότατον, καλὰ γινώσκοντ' ἀνάγκᾳ ἐκτὸς ἔχειν πόδα.

Il avoue que c'est la plus grande amer-

ami, venait lui donner une leçon ; ils relisaient ensemble l'*Iliade*, l'*Odyssée* ou l'*Anthologie*. Nous avons conservé un *Homère* (texte grec, édition Boissonade) tout couvert de notes de la main de Sainte-Beuve. Nous regrettons la perte d'une lettre qu'il écrivit un jour à l'un des maîtres de l'École normale, dont il avait été le collègue, M. Chassang, pour le remercier de l'avoir rangé publiquement *parmi les amants de la belle Hélène*. Sainte-Beuve prenait ce titre au sérieux. « Aimer et bien connaître Homère, disait-il quelquefois, c'est être à l'abri de tout faux goût et de toute superstition. » — « La poésie d'Homère, disait-il encore (pour la peindre avec ses propres traits), c'est comme ces courants du grand fleuve Océan, qui est le père de tous les fleuves. » Le recueil de notes et d'observations qu'on va lire a tout le charme d'une Anthologie à la plus grande gloire d'Homère et de tous les Anciens J. T tume pour l'homme de connaître les belles choses et de s'en voir le pied dehors par nécessité.

Appliquer cela à la littérature grecque, à ceux qui la sentent et en sont privés.

—❦—

La ville de Thèbes ayant été saccagée et presque entièrement détruite au point de rester en partie inhabitée, les Thébains parurent peu touchés de la destruction de tant de temples, de colonnes et d'inscriptions; mais ils eurent grand soin de rétablir une statue de Mercure sur laquelle il était écrit : *La Grèce décerne le prix des flûtes aux Thébains*. Du temps de Dion Chrysostome, on voyait encore cette statue unique au milieu des ruines, dans l'ancien marché. C'était le dernier orgueil de la cité de Pindare.

Ajouter peut-être ceci à l'article sur le

Virgile de Rossignol, en note, après *ces races héroïques et musicales*[1].

—※—

(Article Béranger). Épigramme anonyme (*Anthologie palatine,* XI, 8).

« Ces parfums et ces couronnes, ne les prodigue point à des colonnes de pierre, n'allume point de bûcher, c'est de la dépense inutile; fais-moi présent plutôt de tout cela tandis que je vis; mais en enivrant ma cendre, tu ne feras que de la boue, et le mort ne boit pas. »

Voir la chanson de Béranger : *Mon tombeau.*

Qu'importe à moi que mon nom...

—※—

(Article Désaugiers). *Anthologie palatine,* XIII. (De Nicarque, 29.)

1. *Portraits littéraires*, tome III, page 47. Sainte-Beuve n'a pas donné suite à ce projet de note. Elle est donc publiée aujourd'hui pour la première fois. J. T.

« Le vin, certes, est le rapide coursier du chantre gracieux; mais le buveur d'eau n'engendrera jamais rien avec génie. C'est, ô dieu du vin, ce que disait Cratinus[1], et son haleine ne respirait pas une seule outre, mais elle exhalait tout un tonneau. Ainsi sa maison était surchargée de couronnes, et il avait le front tout ensafrané de lierre, comme toi-même, ô Bacchus ! »

Nicarque, d'ordinaire grossier, a ici de la verve et de la poésie, mais il paraît bien que cette pièce n'est pas de Nicarque, mais d'Apollonidès (comme la suivante, XI, 25) :

« Tu dors, ô compagnon; mais la coupe elle-même te crie : Réveille-toi, ne t'amuse pas à méditer sur la mort; n'y mets pas de discrétion, Diodore; mais te précipitant violemment dans Bacchus, bois-en du pur jusqu'à ce que ton genou chancelle. Il viendra un temps où nous ne boirons plus, un temps long, bien

1. L'ivrognerie de Cratinus était proverbiale. (Jacobs, II, 231.)

long; mais va, dépêche-toi, déjà le poil de raison blanchit nos tempes. »

—※—

On sait le dicton grec : Δὶς ἢ τρὶς τὰ καλὰ (on ne saurait trop répéter les belles choses ; on ne saurait se rassasier des belles choses.)

—※—

Bon proverbe grec : *J'aime mieux une goutte de chance qu'un tonneau d'esprit.*

—※—

Belle parole antique : *Ne touche pas aux choses immuables.*

—※—

Berryer aura eu la plus belle réputation d'orateur, la plus grande et la plus universelle, mais toute viagère. M. Bigelow, l'Américain, dans son excellent morceau sur Berryer, avec qui il avait été en relation quand il était ministre des États-Unis en France, l'a comparé, sous ce rapport, à ce Quintus Haterius dont Tacite a dit (*Annales*, IV, 61) : « *Q. Haterius... eloquentiæ, quoad vixit, celebratæ : monumenta ingenii ejus haud perinde retinentur. Scilicet impetu magis quam cura vigebat : utque aliorum meditatio et labor in posterum valescit, sic Haterii* CANORUM ILLUD ET PROFLUENS *cum ipso simul exstinctum est.* »

« Ne pense qu'à charmer ton cœur, et soucie-toi fort peu des citoyens difficiles à endormir (qui sont toujours aux aguets) ; l'un dira du mal de toi, l'autre dira du bien... » (Mimnerme.)

Homère dit νοέω, je *vois*, je *conçois*. *Voir* et

concevoir, c'est la même chose : ce n'est plus la sensation, c'est déjà la pensée, la perception. Je ne sais si Reid a songé à cela. C'est un témoignage primitif en faveur de sa psychologie.

—✠—

Ces anciens débris de cas en φι, en θεν, ces anciens restes de verbes en μι, ces aoristes seconds qui seuls subsistent après les autres temps submergés, me font l'effet, en face des autres déclinaisons et conjugaisons régulières, de ce que sont, à la simple vue d'une carte de Grèce, cette multitude d'îles et de Cyclades en regard du Péloponnèse et du continent : il y a eu un moment où tout cela se liait. Les rocs et sommets, à chaque pas debout, l'attestent encore.

—✠—

Deux jolis mots poétiques, expressifs, pittoresques :

Περιστερά, c'est la *colombe* en prose, mais en vers on dit plutôt τρήρων, la *tremblante*.

Λαγωός, c'est le *lièvre* en prose, mais en vers on dit plutôt πτώξ, le *blottisseur*, celui qui a peur, qui se blottit.

—⁂—

'Αμέλει, *certainement, sans doute*, mot à mot : *n'importe;* c'est comme en français ; — Henri Estienne a raison ; combien il y a de ces rapports singuliers entre les deux langues !

—⁂—

Faire apprendre aux enfants :

L'Hymne d'Aristote à la Vertu ;
L'Hymne de Cléanthe ;
Simonide sur les Thermopyles.

Cela ne fera pas des chrétiens, mais fera des hommes, ἀνδρεία.

—⁂—

« Tant qu'on est heureux, on a tout le monde pour ami; est-on dans le malheur, on n'a pas même pour soi ses père et mère. » (Isocrate.)

Les Grecs en s'abordant disaient : χαῖρε, et on répondait : ἀντίχαιρε. Les Romains disaient : *salve,* σώζεο. Le caractère des deux peuples se montre déjà dans ce mot. Les Grecs souhaitaient la *joie,* la chose heureuse ; les Romains souhaitaient la *santé,* la chose positive ; mais la joie suppose tout.

Les Romains étaient plus lourds.

A propos de la belle description de la conquête de la Toison d'or, dans Apollonius (liv. IV, vers 110-180), où tout est décrit avec une telle netteté et *blancheur,* on peut très-bien appliquer cet éloge qu'Aristote donne à Homère (entre mille autres qualités) et qui se définit très-bien par le mot ἐνάργεια, lequel signifie une peinture toute distincte, toute pleine d'évidence, de lumière et de clarté, ἀργός, *argentum.*

—※—

La grandeur poétique de la Grèce s'étend depuis Homère jusqu'à Théocrite, et sa grandeur héroïque depuis Achille jusqu'à Philopœmen.

—※—

Νύμφα (*Épithalame* d'Hélène). Joli mot ; il exprime la nouvelle épousée, tant qu'elle reste dans sa fleur, — dans les premiers temps du mariage, — avant le premier enfant, avant Lucine.

—※—

(Théocrite.) — Comme dans ce dialecte dorien l'ouverture des sons se prête bien à peindre largement les perspectives de la nature! Ce dialecte est grandiose et sonore, il est plein : il peint la verdure, le calme, la fraîcheur, le vaste de l'étendue, l'éclat de la lumière.

« Je ne comprends pas de peinture, s'il n'y a de la lumière et du soleil, » me disait un jour George Sand. Le dialecte dorien répond à ce soleil et à cette lumière.

Les fragments d'Archiloque sont comme des javelots brisés qui sifflent encore, θυμὲ, θύμ', ἀμηχάνοισι...

Les *Attiques* ou *Athéniens* étaient primitivement des barbares, des *Pélasges,* selon Hérodote ; mais en se fondant dans la race *hellénique* et en en prenant la langue, ils ont vite excellé et surpassé les *Doriens* eux-mêmes qui étaient de cette pure race. — C'est ainsi (toute proportion gardée) que les *Normands*, barbares, ont été les premiers, au moyen âge, à exceller dans la langue des *Trouvères* et qu'ils l'ont emporté, pour la culture de la langue et de la poésie, sur les autres provinces de souche primitivement plus gauloise et française.

—⁂—

A propos de la Correspondance de Frédéric le Grand, on peut rappeler ce fait dont parle Aulu-Gelle (IX, 3).

Philippe de Macédoine, père d'Alexandre, bien qu'il parût tout occupé de politique, de guerre et de victoires, trouvait du temps pour les Muses et pour les études libérales (*a liberali tamen Musa et a studiis humanitatis nunquam abfuit*), et bien plus il avait une manière de dire et de faire les choses avec agrément et politesse : il existait des recueils de ses Lettres pleines d'élégance, de bonne grâce et de sens (*feruntur adeo libri Epistolarum ejus, mun-*

ditiæ et venustatis et prudentiæ plenarum). — Cet éloge pourrait être à bien des égards celui qu'on donnerait aux Lettres de Frédéric le Grand.

A propos de Gresset, dont *le Méchant* était peu compris à Naples ou à Berlin, quand on l'y voulait jouer, parce qu'il n'y a pas d'action, que tout y est *parlé* et que rien ne s'y fait, on peut remarquer que c'est le même effet (mais par une cause un peu différente) qui se vit pour une pièce de l'ancien comique grec Antiphanes. Alexandre le Grand, lui ayant fait lire devant lui une de ses pièces, la goûta peu, comme étant trop athénienne : « Je ne puis m'étonner, dit Antiphanes au monarque, que vous désapprouviez ma comédie, car, pour s'en amuser, il faudrait avoir assisté aux scènes qu'elle représente. Il faudrait être familiarisé avec l'humeur et les mœurs de notre public ordinaire, etc. » La pièce d'Antiphanes n'était point goûtée d'Alexandre comme étant trop dans le goût du populaire d'Athènes. — La pièce de Gresset n'était point comprise à l'étranger pour être trop dans le ton des salons de Paris.

Salluste, qui fait tant parade d'austérité et de vertu dans ses Histoires, fut surpris en adultère par Annius Milon, qui le battit et le rançonna.

Ulysse dit dans Homère, parlant à Alcinoüs (*Odyssée,* liv. VII, v. 307) :

« Nous autres, races d'hommes qui vivons sur la terre, nous sommes jaloux. »

Hésiode a dit quelque chose d'approchant ; et Plutarque remarque (dans son traité *Sur la tranquillité d'âme)* que la nature a en elle un fond de jalousie et d'envie qui fait qu'on se réjouit moins de son bien propre qu'on ne s'afflige du bien d'autrui. Ce qui est directement contraire à ce que dit Bossuet *(Oraison funèbre du prince de Condé)* : « Lorsque Dieu forma le cœur et les entrailles de l'homme, il y mit premièrement la bonté... la bonté devait donc faire comme le fond de notre cœur. » C'est beau, mais ce n'est pas plus vrai que ce que dit Plutarque : l'un et l'autre dire sont vrais selon les occasions, les âges et les jours où l'on considère la nature humaine.

Que d'imitations des Grecs aux Latins, de ceux-ci aux Italiens, aux modernes ! Le même fonds poétique a été exploité à satiété et remanié. La forme seule s'est renouvelée un peu à la surface. L'invention est souvent aussi mince que la feuille d'or ou d'argent qui recouvre le cuivre.

Joli mot de M. de Maurepas sur ces emprunts perpétuels qu'on retrouve partout chez les auteurs à mesure qu'on étudie davantage : « Un auteur est un homme qui prend dans les livres tout ce qui lui passe par la tête. » — Ce mot de Maurepas vaut mieux que tout son dernier ministère.

Montalembert, Champagny et d'autres de cette école exagèrent, non sur la corruption romaine (elle était à l'excès sous les empereurs), mais sur l'absence de qualités et de vertus civiles qui y brillaient encore. Pline le Jeune peut pourtant nous en donner une idée, — et le philosophe Favorinus chez Aulu-Gelle, et ce philosophe Nigrinus, de qui Lucien a parlé avec tant d'affection et d'enthousiasme, et cet Hérodes Atticus qui unissait tant de doctrine, d'éloquence suave et d'humanité. C'est lui qui, accosté par un philosophe soi-disant stoïcien et cynique qui lui demandait arrogamment, au nom de sa barbe et de son manteau, de lui donner de quoi acheter du pain, répondit : *Demus huic aliquid æris, cuicuimodi est, tanquam homines, non tanquam homini*[1]. Charmante application du sentiment et du mot de Térence (Aulu-Gelle, IX, 2). — Il y avait, en un mot, bien des honnêtes gens encore avec qui l'on aurait aimé à vivre, dans cette société romaine de l'Empire. — Gibbon, qui connaissait à fond cette société, le savait bien.

L'École d'Épicure (dans l'Antiquité) n'a jamais formé un orateur ni un citoyen.

Les Romains connurent d'abord la Grèce,

1. On reprochait à Aristote d'avoir secouru un homme qui ne le méritait pas : « Ce n'est pas l'homme que j'ai secouru, répondit-il, c'est l'humanité souffrante. » (Voir sur le Paganisme comparé au Christianisme pour la charité, une note de Stap, *Revue germanique* du 15 juin 1861, page 453.)

surtout pour le stoïcisme qui leur convenait et qui allait à cette *gravité (gravitas)* qu'ils estimaient le plus. Le stoïcisme était en accord avec leurs mœurs ; mais ce n'était déjà plus là la vraie Grèce.

—⊱⊰—

César, le plus grand des mortels dans l'ordre positif et des choses mondaines. Il est plus à notre portée qu'Alexandre, qui a de la fougue de jeune homme, du fabuleux et du demi-dieu. Il est bien plus aimable et plus homme *comme il faut* que Napoléon, qui a l'humeur brusque et le bon sens trop souvent brutal.

—⊱⊰—

Vertu, chez les Anciens, c'était à la fois la force guerrière et la force morale ; on associait naturellement une de ces idées à l'autre. De même que *mal* et *lâcheté* étaient synonymes :

10

κακὸν καὶ ἀνήνορα (dans Homère), lâche et énervé, de même que ἀγαθός veut dire *bon* et *brave* à la guerre.

—❧—

Sénèque, Tacite, ce ne sont pas proprement des Anciens, — ce sont les plus anciens des Modernes qui ont écrit en latin.

—❧—

Belle parole de Sénèque : *Otium sine litteris mors est, et hominis vivi sepultura.* (Lettre à Lucilius, LXXXII.)

—❧—

L'auteur du *Voyage de la Troade,* Le Chevalier, ancien secrétaire de M. de Choiseul-Gouffier, était un adorateur assidu et religieux d'Homère. Après dîner et *inter pocula,* il se permettait de parler de Virgile comme on n'en parle guère en France. Après qu'il eut fait son *Ulysse-Homère*, où il développe des idées ingénieuses et paradoxales sur l'auteur des poëmes homériques, il disait quelquefois, en riant, à ses amis : « C'est égal, ma réputation n'est pas très-étendue, mais j'irai à la postérité plus sûrement que bien d'autres, car je suis porté sur la...[1] d'Homère. Il y a des places plus mauvaises que la mienne. »

Le Chevalier ne faisait que dire là à la gauloise, et à la façon de Rabelais, ce que Léopardi avait exprimé magnifiquement, en parlant des modernes qui avaient à jamais associé leur nom à celui de quelque illustre Ancien : « Oh! la belle destinée de ne pouvoir plus mourir sinon avec un immortel! »

Il y avait deux opinions chez les Anciens sur Euripide : la plupart mettaient Sophocle au-

1. Le mot *honnête* en grec est ὄρχις. J. T.

dessus de lui. Il y en avait bien pourtant qui donnaient la préférence à Euripide, pour tant de passages d'une grâce charmante et aisée, d'un pathétique pénétrant pour l'effusion des sentiments doux et tendres : car tout cela n'est pas au même degré dans Sophocle.

Quand un homme s'est rendu célèbre par un talent reconnu dans un genre, on a peine à lui en reconnaître et à lui en accorder un autre. *Sed mos est hominum ut nolint eumdem pluribus rebus excellere,* a dit Cicéron. (*Brutus,* XXI.)

Le genre *attique* est surtout l'opposé de l'*asiatique;* l'*urbanité* est surtout le contraire de la *rusticité.*

Il n'y a aucune vérité dans les articles nécrologiques et biographiques insérés dans les journaux et par lesquels les confrères et compères se célèbrent les uns les autres : à propos de la mort de quelque homme de lettres de la bohème, ce sont des enflures, des oraisons funèbres comme pour un Consul romain ; ou encore ce sont des grands hommes qu'on crée à l'usage des familles et pour caresser leur vanité. Mais cela avait lieu chez les Romains même, et Cicéron nous apprend (*Brutus,* XVI) qu'il y avait dès longtemps des oraisons funèbres qui étaient ainsi tout à l'usage des familles et où les membres qu'elles avaient perdus étaient glorifiés souvent contre toute vérité *(quanquam his laudationibus historia rerum nostrarum est facta mendosior)*. « On y racontait des faits qui n'avaient jamais eu lieu, des triomphes imaginaires, des consulats plus nombreux que de raison, même des généalogies fausses, en supposant que des hommes d'origine obscure se rattachaient aux familles illustres qui se trouvaient porter le même nom... » N'est-ce pas là l'histoire de la généalogie de Balzac, qui prétendait se rattacher aux Balzac d'Entragues?

—⁂—

Mme de V... disait un jour, en parlant de quelqu'un : « Il est d'une modestie *effrénée.* » Mme Charpentier, dont la fille qui chante à ravir avait été appareillée par son maître de musique avec une élève à voix fausse, disait : « Pour résister à un tel voisinage, il faut que la voix de Marie soit d'une justesse *acharnée.* » Ce sont là des expressions d'un charmant abus, comme le *libido tacendi ;* — être *affamé de jeûne,* etc.

—⁂—

Les Grecs modernes appellent le printemps ἄνοιξις, *ouverture (aprilis),* parce que tout s'ouvre au printemps, le cœur de l'homme ainsi que les fleurs. — Pour dire : *le soleil s'est couché,* ils disent : *il a régné,* ὁ ἥλιος ἐϐασίλευσεν. — Pour dire : *un enfant adoptif,* ils disent ψυχοπαίδι, *enfant de mon âme.* — Pour dire : *tuer* quelqu'un, on dit l'*assombrir,* l'*enténébrer*, σκοτόνειν. — Pour dire une *coquette,* on dit : c'est une *joueuse,* παιχνιδιάρα, et aussi λυγίστρα, qui se donne des *airs,* qui se donne des *tours.* — Enfin la langue grecque moderne a de ces mots jolis et pittoresques que les Grecs anciens même lui envieraient.

—⊙⋲—

Au pied du Taygète, quand on parle d'un combat, pour exprimer qu'il a été terrible, le peuple dit encore : C'est *comme en Troade.*

—⊙⋲—

A propos des mots anciens, des locutions anciennes et consacrées, qui recèlent un sens profond et qui, lorsqu'on les approfondit, se trouvent exprimer en perfection et en toute exactitude les idées, les rapports, les devoirs ou les convenances, Sénèque, qui en donne des exemples, dit très-bien (*Lettres à Lucilius*, LXXXI) : *Mira in quibusdam rebus verborum proprietas est; et consuetudo sermonis antiqui quædam efficacissimis et officia docentibus notis signat.*

—⁂—

Les Latins, dans leur langue, ne haïssaient pas un certain vague, une certaine indétermination de sens, un peu d'obscurité, — l'obscurité des bois sacrés. — Prenez-le comme vous voulez, semblent-ils dire en plus d'un cas, entendez-le dans ce sens-ci ou dans cet autre sens qui est voisin. — On a une certaine latitude de choix. Le sens principal n'est pas absolument exclusif d'un autre. — Ils négligent l'emploi du pronom possessif, ils le mettent très-rarement. Ils n'ont pas l'article. — *Magister dixit.* Est-ce : *le* maître a dit, ou *notre* maître? — Ils n'ont pas le participe présent du verbe être, *étant.*

—⁂—

Ovide est un délicieux lascif; il excelle à exprimer le *putres oculos* (τεθρυμμένοι), — des yeux brisés par le plaisir, ce que Juvénal appelle aussi *oculos in fine trementes.* Ovide a dit :

Adspicies oculos tremulo fulgore micantes,
Ut sol a liquida sæpe refulget aqua.
(*Art d'aimer*, II, 721.)

—⁂—

Les yeux de Léda mourante, enlacée au col du cygne. Mais est-ce là remplir l'office de la poésie? Ce n'en est pas du moins la plus belle fonction, ce n'est pas le digne emploi de l'art comme l'entendait Virgile :

Quique pii vates et Phæbo digna locuti.

—⁂—

La faute qui fit reléguer Ovide, et qu'on ne saurait deviner avec précision, peut se traduire moralement ainsi avec certitude : il se rendit coupable d'une haute imprudence. Innocent d'intention, il fut impardonnable de fait.

—※—

Pour dire les gens *comme il faut*, les gens *bien élevés*, les *honnêtes gens* dans le langage politique, les *conservateurs*, les Grecs avaient ce mot charmant : οἱ χαρίεντες.

—※—

Dubeux, bon latiniste et philologue, a eu pour maître en Portugal, à Lisbonne, *frei Diogo de Mello e Menezes*, un Père géronimite, le Père *Jacques de Mello et Menezes*, un latiniste admirable comme en ont ou en avaient encore ces nations anciennement latines.

—※—

Il y a eu à Turin une école de philologie remarquable dont le maître était l'abbé Valperga di Caluso. L'abbé Peyron et M. Mablin (Mabellini) étaient ses élèves, et aussi Boucheron.

—✥—

Les anciens Grecs, pour exprimer la bataille, disaient χάρμα, la joie : joie et bataille dans ces temps héroïques, c'était une même chose.

—✥—

On pourrait mettre les deux vers suivants d'Ovide comme inscription à une Bibliothèque publique :

Quæque viri docto veteres cepere novique
Pectore, lecturis inspicienda patent.

(*Tristes*, III, 1.)

—✥—

Aux beaux talents *doux* j'aime qu'il s'ajoute un peu de ce que Pline appelle *vis, amaritudo.* Aux grands talents *énergiques,* j'aime à sentir quelque chose de ce que Shakspeare et Wordsworth appellent *meekness.* — *Examen apum in ore leonis erat, et de forti egressa est dulcedo* (*Juges,* XIV, 14).

A toutes ces cérémonies académiques où l'orateur se fait applaudir en louant ses auditeurs, sa nation et son monde, il faut opposer ce que dit Socrate dans le *Ménexène* de Platon : « Ce n'est pas difficile de louer avec succès les Athéniens parmi les Athéniens. »

Ménexène dit à Socrate qui lui demande d'où il vient, qu'il sort du Conseil des Cinq-Cents, où l'on a choisi un orateur pour prononcer l'oraison funèbre de ceux qui sont morts à la guerre, et il ajoute que celui qui a été désigné n'aura pas cette fois le temps de se préparer pour dire les belles et magnifiques choses qu'on entend d'ordinaire en de pareilles occasions. Là-dessus Socrate lui répond que ces orateurs ont des discours tout prêts pour ces circonstances, et que d'ailleurs il ne serait pas si difficile d'en improviser un : « Car s'il fallait, dit-il, louer les Athéniens parmi les gens du Péloponnèse, ou ceux du Péloponnèse parmi les Athéniens, il faudrait alors un habile orateur pour persuader son auditoire et pour faire bonne figure; mais lorsqu'on brigue la palme devant ceux mêmes qu'on loue, il ne semble pas que ce soit grand'chose que de réussir à louer. »

Pour un ivrogne qui descend d'une guinguette de la barrière, voici un vers d'Ovide :

Ecce suburbana rediens male sobrius æde.

(*Fastes*, dernier livre, vers la fin.)

« Un jeune homme libertin sera un mari jaloux, » a dit un moraliste, et Ovide l'explique en disant :

Multa miser metuo, quia feci multa proterve.

Rentre en toi-même, Octave, et cesse de te plaindre.
Quoi ! tu veux qu'on t'épargne et n'as rien épargné !

(CORNEILLE.)

—⁂—

Sur le fils d'une mère célèbre, le fils de Mme de Staël, par exemple, ou de Mme de Sévigné, on peut dire ce mot de Stace (*Thébaïde*, VI) :

..... onerat celeberrima natum
Mater...

La gloire d'une mère est un pesant fardeau.

—⁂—

Solve senescentem... Tous les poëtes ou artistes ne sont pas aussi sages que le chanteur baryton, Baroilhet, qui se vante de s'être retiré du théâtre avec sa voix.

—⁂—

« Celui qui fait gracieusement les grâces, celui-là est très-doux parmi les humains : ceux qui les font, mais qui ne les font qu'après bien du temps, sont peu nobles de nature. » (Dans un morceau de la *Mérope* d'Euripide, cité par l'orateur Lycurgue dans son Discours contre Léocrate.) *Ingrate gratia tarda venit.*

—⁂—

Isocrate, dans son célèbre *Panégyrique,* a dit : « Notre ville a laissé si loin derrière elle en pensée et en éloquence les autres hommes, que ses élèves sont devenus les maîtres des autres, et elle a fait si bien que le nom de Grecs ne semble plus être la désignation d'une race, mais celle de l'intelligence même, et qu'on appelle Grecs plutôt encore ceux qui participent à notre culture que ceux qui sont du même sang que nous[1]. »

—⁂—

Il y aurait un joli article à écrire, intitulé : *De la tragédie de Rhésus, ou de l'emploi des ficelles dramatiques dans l'Antiquité.* Je l'ai tout fait dans mon esprit.

Le sujet, d'ailleurs, est heureusement rajeuni par le talent du poëte, et Homère n'est pas copié du tout.

—⁂—

Il n'y a pas d'auteur plus substantiel que Thucydide (*Anthologie palatine,* IX, 583).

—⁂—

Un beau chapitre de critique à écrire : *Péri-*

1. Ou « ... plutôt encore ceux qui ont part à notre culture qu'à notre nature. »

clès d'après Thucydide. On prendrait les trois discours de Périclès et le chapitre de Thucydide qui suit le dernier discours.

—⁂—

Les Grecs appelaient ὀψιμαθής, *apprend-tard,* celui qui se mettait trop vieux à une étude et qui l'apprenait mal. Il y a des sujets d'étude convenables et bienséants jusqu'à la fin de la vie, ceux desquels Solon disait : « Je vieillis en apprenant toujours quelque chose. » Mais il y a d'autres études qui demandent la jeunesse : les langues, par exemple. Le nom de l'antique Caton n'est pas suffisant pour nous réconcilier avec l'idée d'un vieillard *abécédaire.* Il y en a qui sont des types courants d'une interminable scolarité. Les jeunes gens se les montrent au doigt, ces étudiants de cinquantième année. Viguier, suivant des cours jusqu'à l'âge de soixante-quatre ans ; le vieux Capuron suivant tous les cours de médecine comme un étudiant de première année, sont ridicules. *Turpis et ridicula res est elementarius senex* (Sénèque). « Cette disposition à l'étude (chez Capuron) était une espèce d'anomalie mentale, a dit Peisse. Le désir d'instruction n'est pas moins contre nature au déclin de la vie que l'incuriosité et la paresse au commencement. Le jeune homme doit apprendre, le vieillard doit oublier; et il y a, hélas! peut-être autant de profit à l'un qu'à l'autre. »

« Le père de la gloire et de la félicité, c'est le travail, » a dit Euripide.

Et Lucien : « C'est avec la fatigue et le travail que les belles choses s'acquièrent. »

Beau mot de Pindare (*Néméennes*, IV) : « Elle vit plus longtemps que les actions, la parole que la langue a tirée d'un esprit profond avec la rencontre des Grâces. »

—⁂—

Beau mot de Pindare (*Pythiques*, IX) : « Puisse jamais ne me quitter la pure clarté des Muses sonores ! »

—⁂—

Sur Homère : « Je crois qu'on en a plus dit sur Ulysse qu'il n'en a réellement souffert, à cause d'Homère aux doux chants, parce que sur ses mensonges à lui, par je ne sais quelle puissance ailée, il y a quelque chose d'auguste, et le génie nous séduit en nous entraînant par des fables. » (Pindare, *Néméennes*, VII.)

Et pour s'arrêter au milieu d'une louange, ou à la fin d'une belle lecture : « Mais le repos est doux en tout labeur; on se rassasie même du miel, même des fleurs enchanteresses d'Aphrodite. » (Pindare, *Néméennes,* VII.)

On reconnaît tout de suite une parole des Anciens. Cette parole de Pindare de plus de deux mille ans est encore fraîche comme le premier jour ; — vérité et fraîcheur.

Ne pas avoir le sentiment des Lettres, cela veut dire ne pas avoir le sentiment de la vertu, de la gloire, de la grâce, de la beauté, en un mot de tout ce qu'il y a de véritablement divin sur la terre.

Dans Périclès, on a le type le plus noble et le plus brillant du chef populaire, d'un dictateur de démocratie par raison éloquente, par talent et persuasion.

Si l'on entendait toujours le Périclès de Thucydide, on ne permettrait plus aux Romains de se vanter, comme ils l'ont fait, d'avoir ajouté de la solidité au génie charmant des Grecs.

Joli mot de Théognis :

« La plus belle chose est la justice, la meilleure est la santé ; mais la chose la plus enchanteresse, c'est d'obtenir ce que l'on aime. »

Pindare a dit : « Loue le vieux vin, mais les fleurs des chansons nouvelles. » Ou, comme on dirait plus librement : « Vive le vieux vin et les jeunes chansons ! »

Chateaubriand finit le *Génie du Christia-*

nisme en se posant cette question : « Quel serait aujourd'hui l'état de la société si le Christianisme n'eût point paru sur la terre? » Le colonel Mure, dans son *Histoire de la Littérature grecque* (liv. I, chap. VII, 4), se pose cette question : « Si la nation grecque n'avait jamais existé, ou si ses œuvres de génie avaient été anéanties par la grandeur de la prédominance romaine, les races actuelles principales de l'Europe se seraient-elles élevées plus haut dans l'échelle de la culture littéraire que les autres nations de l'Antiquité avant qu'elles eussent été touchées par le souffle hellénique? » — Grandes et belles questions qui font penser et rêver!

A Villars, à Masséna, à ces grands hommes de guerre qui ont eu des vices, il convient d'appliquer ces paroles de Périclès dans l'Éloge funèbre des guerriers morts pour Athènes :

« A ceux qui ont de moins bonnes parties, il est juste que la valeur déployée contre les ennemis de la Patrie soit comptée en première ligne ; car le mal disparaît dans le bien, et ils ont été plus utiles en un seul jour par ce service public, qu'ils n'ont pu nuire dans toute leur vie par leurs inconvénients particuliers. » (Je paraphrase légèrement la fin de la phrase.)

Et qui peut se vanter d'avoir été plus utile à la Patrie en un seul jour que Villars à Denain, et Masséna à Zurich ?

Leur appliquer aussi ce mot de Montesquieu dans ses *Pensées* : « Quand on veut abaisser un général, on dit qu'il est heureux ; mais il est beau que sa fortune fasse la fortune publique. »

Homère appelle la nuit *la Nuit rapide* (νυκτὶ θοῇ) : c'est qu'il suppose qu'on y dort, et le temps passe vite en dormant. C'est le contraire de ce qu'a dit le poëte mélancolique des derniers âges :

Que de fois j'ai compté les pas du Temps dans l'ombre,
Quand les heures venaient sans mener le sommeil!

Le vers de Properce :

Sæpe venit magno fœnore tardus amor,

se trouve heureusement traduit par ce mot de Bussy : « Il est de l'amour comme de la petite vérole, qui tue d'ordinaire quand elle prend tard. »

Le mot *Urbanité,* qui fut introduit et autorisé par Balzac (au XVIIe siècle), avait déjà été employé au XVe siècle par Jean le Maire de

Belge[1] ; mais ce mot risqué alors par un écrivain de frontière n'avait pas eu cours dans la langue et n'était pas entré dans la circulation.

—✠—

Et memini numeros sustinuisse novem,

a dit Ovide. Ce n'est pas comme Baudelaire, qui dit :

Je ne suis pas le Styx pour t'embrasser neuf fois.

—✠—

Si l'envie me prend jamais de lire du Plutarque en grec, c'est la *Vie de Périclès* qu'il faut choisir.

—✠—

1. Dans la *Couronne margaritique*, composée par Jean le Maire en l'honneur de Madame Marguerite d'Autriche et de Bourgogne. (Imprimé seulement en 1549, Jean de Tournes, in-fol. de 72 pages ; M. Peetermans en a fait l'objet d'une brochure, Liége, 1859.)

Dire ceci à mes élèves de l'École normale pour leurs compositions et le pratiquer avec eux :

« Laissez l'esprit de la jeunesse libre, ne fût-ce que pour quelques heures, pour quelques pages; l'âge mûr aussi a besoin de cette liberté. Sans elle, l'esprit humain ressemble à une cloche qui touche au sol; pour sonner, elle a besoin de se mouvoir librement dans l'air. » (Jean-Paul Richter, *Vie* écrite par lui-même.)

—❧—

Le livre de *l'Amour*, de Michelet, devrait avoir pour épigraphe : τὰς οὐδὲν ὑγιές (les *rien-de-sain*). (Aristophane, les *Thesmophores*, v. 395.)

—❧—

Le prieur Ogier, justifiant Balzac du reproche de plagiat, citait l'exemple des prédicateurs qui prennent partout chez les Pères sans qu'on leur reproche de piller : « Nous autres prédicateurs, disait-il en riant, qui volons comme sur les grands chemins... » On pourrait dire la même chose des professeurs qui, n'ayant en vue que l'utilité des écoutants, prennent partout sans scrupule tout ce qui est bon à dire : et ils font bien ; mais s'ils viennent à imprimer ce qu'ils disent, cette méthode, qui leur est à la fois commode et nécessaire, laisse voir ses inconvénients.

Repentina mors, optima. (Pline l'Ancien).

Et ce vœu de Beyle (Stendhal) : « Mourir d'apoplexie au coin d'une borne! »

« Nous crèverons, mon cher, nous ne vieillirons pas », me disait Duveyrier.

L'*airain*, pour les armes, est au *cuivre* ce

que l'*acier* est au *fer ;* — c'est du cuivre durci moyennant un léger alliage, comme l'acier est du fer durci moyennant une certaine préparation et *trempe.*

—

Οἵα ἡ μορφὴ τοιάδε καὶ ἡ ψυχὴ, a dit Socrate chez Xénophon.

Tel le visage, telle l'âme.

Cela est vrai si par visage on entend l'ensemble de la physionomie. — Voir dans La Bruyère, au chapitre des *Biens de fortune,* la pensée : « Les traits découvrent la complexion et les mœurs ; mais la mine désigne les biens de fortune : le plus ou le moins de mille livres de rente se trouve écrit sur les visages. »

—

Théophraste (dans Stobée) dit que « l'amour,

c'est la passion des gens qui n'ont rien à faire ». Et Ovide :

Otia si tollas, periere Cupidinis arcus.

—❧—

..... Quand je vois, quand je lis de certaines choses, le dégoût me prend, j'ai le cœur qui se soulève, je n'y tiens plus, et volontiers je m'écrierais avec ce personnage d'Aristophane : δός μοι λεκάνην, donnez-moi le bassin ! — donnez-moi la cuvette !

—❧—

Jouir d'une mauvaise santé. — *Tanta stat prædita culpa* (Lucrèce, v, 200). — Nous dirions un peu ironiquement : Il est *doué* de bien des défauts.

« Je manque de privations, » dit spirituellement Véron.

—❧—

Démosthène n'était guère plus intègre que Mirabeau.

—❧—

Patin me fait remarquer qu'une des plus belles épigraphes et les mieux appliquées est celle que M. de Fezensac a mise à l'*Histoire de mon régiment pendant la retraite de Russie;* la voici : elle est prise du second livre de l'*Énéide :*

Iliaci cineres et flamma extrema meorum,
Testor, in occasu vestro nec tela nec ullas
Vitavisse vices, Danaum et, si fata fuissent,
Ut caderem meruisse manu....

Quelle plus belle manière et plus touchante de s'excuser, pour un soldat, de n'être pas mort, d'avoir survécu à un désastre!

J'aime à rapprocher cette citation de celle que l'enfant de Corinthe fit au consul Mummius des vers d'Homère : Τρὶς μάκαρες! C'est un même sentiment, et Virgile, pour l'exprimer, sert à l'un comme Homère à l'autre.

Virgile, à nous, est notre Ancien, un Ancien familier encore.

—✻—

Tout savoir provient d'observation et d'expérience : *J'ai vu* est synonyme, en grec, de *je sais*.

—✻—

Les mêmes figures, nées du mouvement et de l'impression vive de l'esprit, se reproduisent tout naturellement dans les diverses langues. Un jeune homme, condamné l'autre jour par devant la cour d'assises, s'écriait : « Je suis *horriblement* innocent. »

—✻—

Le savant Coray recommençait chaque année, au premier de l'an, la lecture d'Homère et celle d'Hippocrate; et cependant il était Grec. Quelle lecture et relecture continuelle doivent donc faire et refaire sans cesse ceux qui ne le sont pas!

—

Je lis dans un article de Charles Thurot sur le *Sophocle* d'Éd. Tournier :

« Si Sophocle est un des plus grands auteurs de la littérature grecque, il est en même temps un des plus difficiles. Son texte est relativement beaucoup mieux conservé que celui d'Eschyle et même d'Euripide; mais son style savamment travaillé embarrasse très-fréquemment l'interprète, *qui ne sait s'il est en présence d'une hardiesse poétique ou d'une faute de copiste.* »

C'est ce qui m'a toujours gâté Pindare et même Sophocle dans les efforts que j'ai faits bien souvent pour les goûter.

—

Homère, Démosthène et Camille Desmoulins ont usé éloquemment de la même pensée :

Si sans craindre la mort et la triste vieillesse,
On pouvait toujours vivre au sein de la jeunesse...

(*Iliade*, liv. XII, v. 323. — *Discours sur la Couronne. — Le vieux Cordelier.*)

—⁂—

L'illustre philologue Wolf disait dans ses cours : « Messieurs, vous ne saurez bien une chose que quand vous pourrez l'écrire sur votre ongle : tant que vous ne pourrez pas l'y faire tenir, dites-vous que c'est que vous ne la savez pas encore assez bien[1]. »

1. Nous sommes arrivé à la dernière de ces notes; la mort a mis ici un éternel signet à ces pages que nous venons de transcrire : le cahier de grec s'arrête au quinzième feuillet. Nous y ajoutons une lettre, qui se rattache au même ordre d'études. Elle est adressée au savant hollandais M. Cobet, en réponse à l'envoi d'une brochure : *Oratio de monumentis literarum veterum suo pretio æstimandis* (Leyde, 1864), sur laquelle Sainte-Beuve a écrit de sa main : « Très-précieux pour moi à cause du fond et de l'*ex dono.* » J. T.

—⁂—

Lettre à M. C.-G. Cobet, professeur à la Faculté de Leyde.

Paris, 5 janvier 1869.

Monsieur,

J'ai reçu par les soins de M. Wescher[1] le Discours que vous m'avez fait l'honneur de m'envoyer. Nulle attention ne pouvait m'honorer davantage. Je ne suis, en ces matières, qu'un amateur du dehors, mais qui cherche du moins à deviner et à saisir quelque chose de ce que savent et possèdent les maîtres. J'ai pris grand intérêt en vous lisant; et à voir ce règlement de compte tout nouveau, cette balance que vous établissez d'une manière sûre dans cette vieille et éternelle querelle des Anciens et des Modernes, à suivre de l'œil la ligne de dé-

1. Disciple et ami du savant Dübner. — Voir sur Dübner, dans *Port-Royal*, t. III, p. 619-621, sa lettre relative à l'enseignement moderne du grec, — et dans les *Nouveaux Lundis*, t. XI, le discours de Sainte-Beuve à l'inauguration de son monument funéraire. J. T.

marcation si hardie et si nette par laquelle vous déterminez et confinez la vraie et belle Antiquité, je me suis fait une idée plus juste du caractère de cette critique délicate et ferme qui est la vôtre et que je pouvais moins apprécier dans les détails spéciaux de profonde érudition qui m'échappent trop souvent.

Veuillez agréer, monsieur, l'hommage de mes sentiments respectueux,

SAINTE-BEUVE.

TABLE

DES NOMS CITÉS DANS CE VOLUME.

A.

B.

PARIS. — J. CLAYE, IMPRIMEUR, 7, RUE SAINT-BENOIT. [1761]

www.ingramcontent.com/pod-product-compliance
Lightning Source LLC
Chambersburg PA
CBHW070616100426
42744CB00006B/500

* 9 7 8 2 0 1 2 1 7 7 7 1 0 *